Elisabeth Janca

QI GONG

Das Lächeln in der Bewegung

{*dschi gong*}

NORKA Buch- und Zeitungsverlag Ges.m.b.H.

Vorwort

Sich vor den Spiegel zu stellen
und sein Gegenüber lächelnd zu umarmen,
ist wohl die schönste Form von Selbsterkenntnis.

Stefan Weindl

Das typische asiatische Lächeln ist uns bekannt.
Egal in welcher Situation es uns entgegentritt - undurchschaubar, undurchdringlich, für uns Westmenschen oft verstandesmäßig nicht greifbar.

Und doch entsteht es aus der Demut dem Leben und Gott gegenüber.
Aus Dankbarkeit für jede Aufgabe, die, egal wie schwer sie zu sein scheint, zur Bewältigung ansteht und einlädt.

Wahres Lächeln entsteht in Deinem Innersten.
Es beschränkt sich nicht auf das Bewegen bestimmter Gesichtsmuskeln und wir können es aktiv auf seinem Weg in die Welt unterstützen :

Humor ist das Lächeln des Geistes.
Meditation das Lächeln der Seele.

Qi Gong ist das Lächeln in der Bewegung.

Beginnen wir unserem Lächeln Raum, Zeit und Kraft zu verleihen.

Was war dein ursprüngliches Gesicht, das du hattest,
bevor deine Eltern dich gebaren ?

Was bedeutet Qi Gong?

Qi Gong wird aus den Worten Qi und Gong zusammengesetzt.

氣

Chi

Qi oder **Chi** bedeutet wörtlich „Atem" oder „Lebenskraft" und ist ein vereinheitlichendes Energieprinzip.
Chi kann man sich als wellenförmige Bewegung vorstellen. Auch die Naturwissenschaften können die Theorie, daß nichts wirklich gerade ist, bestätigen.
In der Mathematik finden wir die Aussage, daß sich zwei parallele Gerade in der Unendlichkeit treffen - dies funktioniert nur, wenn jede Gerade eine nahezu gerade Kurve ist.
Auf den ersten Blick mag das paradox klingen, läßt sich aber sehr leicht verdeutlichen.
Stellen Sie sich eine „gerade" Landstraße vor. Die beiden Außenränder laufen in einem Punkt am Horizont zusammen.
Biologen zeigen uns, daß selbst „gerade" Knochen spiralförmig aufgebaut sind. Die Muskeln unseres Körpers folgen einer leichten Drehung.
Ein Bach wird sich in Mäandern, also leichten Krümmungen der Landschaft anpassen.

Die Lebenskraft erfüllt, formt und nährt die Erde und alles was sich auf ihr befindet.
Sie erfüllt die Erde und läßt Berge entstehen; lenkt Flüsse und Bäche und formt damit Landschaften; nährt Pflanzen und Früchte.
Nicht zuletzt atmen wir Chi mit jedem Atemzug ein, nehmen es mit jeder Mahlzeit auf.

Chi steckt auch hinter jeder Bewegung - ohne Energie oder Lebenskraft könnten auch wir uns nicht bewegen. Chi ist dafür verantwortlich, daß wir denken, sprechen, gehen, laufen, ... leben.

Es muß ungehindert im Körper strömen können, sonst können verschiedene Körperfunktionen nicht ausgeübt werden.
Ist das Chi zum Beispiel im Bereich der Lendenwirbel gehindert und kann den Unterkörper nicht mehr erfüllen, sind unsere Beine gelähmt.
Schmerzen die Schultern, ist dort das Chi blockiert und es wird schwer, seine Arme zu bewegen.

Es wird also zur Nebensache, wie toll man aussieht, wie reich oder erfolgreich man ist - ohne Chi ist der Mensch einem leeren Sack aus Haut und Knochen gleichzusetzen.

Es gibt so viele Ausprägungen menschlichen Chi´s wie es Menschen gibt.
So kann Chi auch als Schicksal interpretiert werden, das sich in unserer Persönlichkeitsmatrix widerspiegelt.
Im Augenblick der Empfängnis dringt „Ling“ als Lebensfunke in die Frau.
„Ling“ sind jene Teilchen embryonalen Chi´s, die sich im Kosmos befinden.

Auch in unserem Kulturkreis gibt es das Verständnis für Chi. Es wird als der göttliche Atem angesehen.
Eine wunderbare bildliche Darstellung dazu befindet sich in der Sixtinischen Kapelle:
Gott überträgt den göttlichen Lebensfunken auf Adam.

Die Biologen wissen, daß im Augenblick der Zeugung die Anlage der Persönlichkeitsmatrix vollzogen wird - es ist in diesem Moment bereits festgelegt, welche Augenfarbe, welche Größe, ... der zukünftige Mensch haben wird.

Auch in anderen Kulturen finden wir den Begriff des Chi - sei es als Prana, göttlicher Odem, ...

Gong ist ein umfassendes Wort für Arbeit, Methode und Zeit, die für die Erreichung eines Ziels angewandt wird. Es ist gleichzeitig auch der Weg.
Wir kennen das Sprichwort: Der Weg ist das Ziel.

Qi Gong ist also ein Synonym für die bewußte Arbeit mit dem eigenen Körper - dem eigenen Leben, der eigenen Person, der eigenen Lebenskraft.

Bewegung ist Leben.
Leben ist Bewegung.

Was ist Qi Gong ?

Qi Gong ist eine Methode zur Pflege und Kultivierung von Körper und Geist bzw. zur Harmonisierung der Beziehung zwischen Körper und Geist.
Den Sinnspruch „in einem gesunden Körper wohnt ein gesunder Geist“ kennen wir wohl alle.

Die Harmonisierung erfolgt über das bewußte Lenken der Aufmerksamkeit im Körper, was auch durch die Vorstellungskraft unterstützt wird. Sie finden in den Übungen immer wieder Bilder, die es Ihnen erleichtern, sich die Bewegungsabläufe zu veranschaulichen.
Weiters werden immer wieder Tips gegeben, wo Sie mit Ihrer Aufmerksamkeit sein sollten.
Sie werden bemerken, daß Sie nach längerem Üben sich immer besser konzentrieren können. Störfaktoren, die von außen an uns herangetragen werden, treten immer mehr in den Hintergrund, sodaß wir sie gar nicht mehr wahrnehmen.

Für uns Westmenschen ist die Arbeit mit gezielten Vorstellungen (wie in der Meditation) manchmal befremdlich, da unser System auf Logik und Verstand aufgebaut ist. In dieses Bild passen scheinbar keine bildhaften Vorstellungen, obwohl wir unbewußt ständig damit arbeiten.
Mache ich mir selbst ein ungünstiges Bild von mir, werde ich keinen Erfolg haben. Sehe ich mich selbst als erfolgreich, wird sich das auf mein ganzes Gehabe auswirken und es wird sich Erfolg einstellen.

In der östlichen Tradition ist es üblich, sich blumiger Ausdrucksweise zu bedienen. Das klassische chinesische Wort unterscheidet sich stark von einem abstrakten, einen klaren Begriff darstellenden Zeichen.
Es ist eher ein Lautsymbol mit starker suggestiver Kraft, das eine ganz bestimmte Vorstellung oder Emotion hervorruft.
Der Sprecher versucht nicht so sehr dem Zuhörer seine Idee zu erklären als ihn anzusprechen und zu beeinflussen.
Selbst die Schriftzeichen sind Bilder in sich selbst. Sie werden zu organischen Strukturen und nehmen Gestalt an. Diese blumige Sprache finden wir auch in den Bezeichnungen der Qi Gong-Übungen wieder.
Zum Beispiel „*Mutig und flott vor dem Tore spazierengehen*“.
Der Titel allein läßt schon das Bild im Geist erstehen und verrät rein gefühlsmäßig sehr viel über die Wirkung der Übung.

Wie bei allen asiatischen Techniken steht auch hier die Kombination von körperlicher und geistiger Gesundheit im Vordergrund.
Zu bedenken ist noch ein gesundes Maß an Bescheidenheit - die goldene Mitte.

„Der Weise vermeidet das Übermaß,
die Zügellosigkeit und die Genußsucht.“
Lao-tzu

Beherzigen Sie diesen Satz auch bei Ihren Übungen. Es ist nicht wichtig, ehrgeizig Perfektionismus der Übungen anzustreben. Achten Sie auf Ihr inneres Wohlbefinden - Ihr inneres Lächeln.

Der ideologische Hintergrund von Qi Gong:

Der zentrierte Mensch ist Schnittpunkt zwischen Himmel und Erde.
Gleichzeitig auch zwischen Vergangenheit und Zukunft.

Qi Gong beruht auf den drei folgenden philosophischen Schulen, die ihrerseits wieder Kraft aus Qi Gong als Zweig der Lebenswissenschaft zogen.

Konfuzianismus :
Es ist die Harmonie zwischen menschlichem Verhalten und moralischer Kultivierung innerhalb des menschlichen Lebenssystems.
Er entwickelte sich während des 6. Jahrhunderts vor Christus. Er war die Philosophie der sozialen Organisation, des gesunden Menschenverstandes und des praktischen Wissens. Er brachte der chinesischen Gesellschaft ein Erziehungssystem und strenge Regeln des Anstands.
Ein Hauptziel war die Bildung einer ethischen Basis für das traditionelle chinesische Familiensystem mit seiner komplexen Struktur und seinen Ritualen der Ahnenverehrung.
Der Konfuzianismus wurde im allgemeinen bei der Erziehung von Kindern angewandt, damit sie die lebensnotwendigen Regeln lernten.
Der Name von Konfuzianismus kommt von Kung Fu-tzu oder Konfuzius, einem einflußreichen Lehrer. Seine Lehren basierten auf den sogenannten „Sechs Klassikern“. Sie repräsentieren das kulturelle Erbe aus Chinas Vergangenheit.

Legalismus :
Ist die Harmonie zwischen dem Einzelnen und der Gesellschaft im Rahmen des Gesellschaftssystems.

Daoismus :
Harmonie zwischen Mensch und Natur im Rahmen des kosmischen Systems.
Er befaßt sich in erster Linie mit Naturbeobachtung und der Erforschung ihres Weges.
Der Mensch wird glücklich, wenn er der natürlichen Ordnung folgt, spontan handelt und seinem intuitiven Wissen vertraut.
Begründer war Lao-tzu. Sein Name bedeutet übersetzt so viel wie „Alter Meister“. Er ist Autor der Werke Tao Te Ching und Chuang-tzu.

Qi Gong ist eine perfekte Kombination der drei Grundlehren.

Woher beziehen wir unser Wissen über Qi Gong ?

Im *Lian Shan* der Xia Dynastie (*21.-16. Jh. v. Chr.*) und im *Guizang* der Shang Dynastie (*16.-11. Jh. v. Chr.*) wurden die ersten Gedanken über die kosmischen Zusammenhänge schriftlich festgehalten.

易經 Die Synthese der beiden Bücher stellt wiederum das „*I Ging*" dar. „*Das Buch der Wandlungen*" beruht ebenso wie seine zwei Vorgänger auf den Trigrammen des ersten der mystischen chinesischen Kaiser Fu Xi.

Jedes dieser drei Bücher wurde ursprünglich für Prophezeiungen und Wahrsagung verwendet. Das Hauptthema des Qi Gong ist Bewegung und Wandel.
Eine der frühesten Klassiker des Qi Gong ist das „*Buch der Wandlung*" des Kaisers Wen, das er während seiner Gefangenschaft im *12 Jh. v. Chr.* schrieb.
Er und Herzog Chou sind die Gründer der Chou-Dynastie.

Das Buch beruht auf der Beschreibung von acht Basis-Trigrammen und den 64 daraus zusammensetzbaren Hexagrammen.

Trigramme sind Muster, die aus drei Linien zusammengesetzt werden.
Die Linien können dabei durchgehend oder durchbrochen sein und werden beliebig zusammengesetzt.
Die (Er-)findung wird dem legendären Kaiser Fu-hsi zugeschrieben.
Die Trigramme finden auch im Feng Shui Verwendung. Sie werden bestimmten Himmelsrichtungen zugeordnet und repräsentieren die einzelnen Familienmitglieder der „I Ging-Familie".

Ist das Zeichen für Dschen (der Donner) oder den ältesten Sohn bzw. den Osten. Es ist dies die Qualität des Ideenreichen, der der „Aufrührer" ist.
Es ist der Neubeginn.

Ist das Zeichen für Kan (das Wasser) oder den mittleren Sohn bzw. den Norden. Es ist die Qualität des Tiefgreifenden, Umwälzenden.

Hexagramme bestehen aus zwei solcher Trigramme.

Diese Zeichen sind für den Kundigen sehr aussagekräftig.
So entstehen aus den Strichen die 64 Muster wie zum Beispiel:

Ist das Zeichen Kien (das Schöpferische). Wir sehen nur unge brochene Linien. Sie entsprechen der ungebrochenen Urkraft. Es ist das Symbol für das Männliche, das Schöpferische - auch den Himmel. Das Zeichen ist dem vierten Monat (Mai-Juni) zugeordnet - die Zeit bis zur Sonnenwende, da danach die

Kraft der Sonne wieder nach läßt.
Die Interpretation dazu: Gelingen wird aus den Urtiefen des Weltgeschehens zuteil. Es kommt darauf an, daß man durch Beharrlichkeit im Rechten ist und das Glück anderer sucht.

Ist das Zeichen Siau Go (des kleinen Übergewicht). Wir sehen zwei ungebrochene Linien, die von jeweils zwei gebrochenen Linien umrahmt werden.
Das Schwache übernimmt nach außen die Vertretung des Starken. Wenn man nun an einem entscheidenden Platz steht, dem man seinem Wesen nach nicht gewachsen ist, ist äußerste Vorsicht geboten.

Die Interpretation dazu: Außerordentliche Bescheidenheit und Gewissenhaftigkeit wird von Erfolg belohnt werden. Es ist wichtig nicht zu einem kriechenden Wesen zu werden, sondern seinen Auftritt nach wie vor mit Würde und Anstand hinter sich zu bringen.

Die 64 Hexagramme sind also eine Methode, den Makrokosmos (das Universum) im Mikrokosmos (dem Zeichen) darzustellen.
Wir kennen ähnliches in der Computerprogrammierung - der Binärcode. Auch Morsezeichen beruhen auf der Zusammensetzung von durchgehenden und unterbrochenen Linien (Tönen).

Das Buch der Wandlungen beschäftigt sich mit dem Wechselspiel zwischen Mensch und Natur und wurde von Medizinern und Qi Gong-Meistern der Generationen als „Bibel“ angesehen.

Im *8. Jh. v. Chr.* verschwand die *westliche Zhon Dynastie (1100 - 771 v. Chr.).*

Das östliche Zhou wurde in zwei Perioden eingeteilt -
die *Frühlings- und Herbstperiode (770 - 476 v. Chr.)* und
die *Periode der streitenden Reiche (476 - 221 v. Chr.).*

Während dieser Zeit wetteiferten die hundert philosophischen Schulen miteinander.
Qi Gong wurde auf sehr hohes theoretisches Niveau gebracht. Das Leitprinzip wurde in 45 Worten erklärt, die man in ein Stück Jade ritzte.

Übersetzt lautet die Anweisung ungefähr:
Bei der Atmung atme tief ein und führe die Luft nach unten zur Bewahrung, Ausdehnung, Fixierung und Konsolidierung. Sie wird dann wie ein Keim aufgehen und im Körper kreisen, bis sie im Kopf landet. So identifizierst Du Dich mit himmlischen Essenzen oben und irdischen Essenzen unten. Wer nach diesem Naturgesetz arbeitet, wird leben, wer dagegen arbeitet, wird sterben.

770 - 475 v. Chr. (Frühling und Herbstperiode) entstand das Buch *„Sieben Beeinträchtigungen und acht Anreicherungen"*.
Dieses Buch ist aus moderner Sicht für eine verbesserte Sexualentwicklung sehr zu empfehlen.
„Vom Gelben Hof" ist trotz seiner abergläubischen Färbung ein guter Ratgeber für die Anatomie des Körpers.
Jeder menschliche Körperteil ist als Sitz eines bestimmten Gottes beschrieben. In der blumigen asiatischen Sprache bedeutet das nichts anderes als Bilder für physiologische Funktionen.

Der erste Kaiser der *Qin Dynastie (221-207 v. Chr.)* vereinte China.
Es war nur durch zentrale Diktatur möglich, die unter anderem auch dadurch gestärkt werden sollte, daß der Kaiser dissidente Gelehrte lebendig begraben ließ.
Bücher, die nicht anerkannt wurden, verbrannten zu Asche.
Durch Xiang Yu wurden sogar die im Palast aufbewahrten Bände zerstört.

Während der *Jin und Han Dynastie* stand die ideologische Unterwerfung im Vordergrund.
Han Wu ließ z.B. alle philosophischen Schulen außer dem Konfuzianismus verbieten.
Alle Energiephänomene wurden aus materialistischer Sicht beschrieben.
Die fundamentale Theorie des Qi Gong gründete auf der Beziehung zwischen Ying (Essenz), Qi (Lebensenergie) und Shen (Geist).

Für die „innere Arbeit" des Qi Gong ist das *„Can Tong Ji"* von großer Bedeutung.
Es ist eine Abhandlung von *Wei Bo Yang* aus dem *2. Jh. n. Chr.*, in dem er seine Kenntnisse der Energie und seine persönlichen Erfahrungen über die Erhaltung der Gesundheit darlegt.

265 - 420 n. Chr. wurde der Buddhismus chinesisch bearbeitet.
Auch das Hindu-Yoga hielt in China Einzug.
Diese Zeit wird auch die *„Zeit des großen Frieden"* bezeichnet.
Das Buch „Vom Gelben Hof", Baopuzi (der sich an die Einfachheit hält) und das *„Buch der Selbstkultivierung und Langlebigkeit"* aus der Jin-Zeit stehen noch unter dem Einfluß des *Can Tong Ji*, beinhalten viele abergläubische Ideen, haben aber großen Einfluß auf Qi Gong.

581 - 618 n. Chr., Sui Dynastie: Qi Gong wird klinisch angewendet.

610 n. Chr. publizierte der Arzt der kaiserlichen Akademie *Chao Yuanfang* (550-630) eine Abhandlung über Ursachen und Symptome von Krankheiten, in der 213 Dao Yin-Übungen enthalten sind.

Sun Simiao (581-682 n.Chr.), Mediziner am Tang Hof, schrieb die *„Wichtigsten Rezepte im Wert von 1000 Goldmünzen"*, in denen er auf Qi Gong basierende Übungen vorstellt.

618-907 n. Chr., Tang Dynastie: Qi Gong wird klinisch angewendet.

Mit den buddhistischen Mönchen *Zhi Yi (538-597 n. Chr.)* und *Hui Nang (638 - 713 n. Chr.)* wurden die praktischen Übungen gepaart mit tiefen religiösen Betrachtungsweisen, die auf der Erreichung der Buddhaschaft (Reinheit des Körpers und Beherrschen des Geistes) basieren.

960-1127 n. Chr. erhielt der Daoismus in der nördlichen *Song Dynastie* unter *Hui Zang* hohes Ansehen.

1135 n. Chr. starb Hui Zang, danach verfiel der Daoismus sehr schnell.
Chen Tuan leitete eine Reform ein, die von *Zhang Boduan* weitergeführt wurde.
Er stand unter dem Einfluß von *Can Tong Ji* und empfahl Qi Gong-Übungen.
Ihm verdanken wir das Buch „*Verwirklichung der Wahrheit*".

1163 n. Chr. gründete *Wang Chong Yang* unter Berufung auf diese Bücher die *Quan Zhen Sekte (vollkommene Verwirklichung)* und entmystifizierte die Praktiken - Weihrauch verbrennen und Geister anrufen; sie wurden nicht mehr benötigt.
Das Studium des *Nei Dan* (innere Alchemie, energetische Verwandlung) brachte Qi Gong auf eine höhere geistige Ebene.

Zwischen *1300 und 1600 n. Chr.* wurde das Monopol auf Qi Gong gebrochen. So konnte Qi Gong in viele medizinische Dokumente Eingang finden.

Während der *Ming und Qing Dynastien (1644 - 1911 n. Chr.)* gab es in medizinischen Kreisen einen regelrechten Boom für Qi Gong-Übungen.
Gerade während dieser Zeit wurde viel Neues geschaffen.
Zu erwähnen sind zwei Bücher: *Xing Ming Gui Zhi (Prinzip der Lebenskraft)* und *Wu Liu Xian Zong (Die von der Fee Wu Liu hinterlassenen Spuren)*, die vor allem von großem akademischen Wert sind.

In der folgenden *Quing Dynastie* und der *republikanischen Zeit (1911 - 1949)* verlor Qi Gong immer mehr an Bedeutung.
Nur wenige Methoden des „Still-Sitzens" waren noch von Bedeutung.
Insgesamt wurde Qi Gong immer mehr vernachläßigt und war fast untergegangen.

Erst in den 50igern wurde es wieder entdeckt und für die Gesundheitsvorsorge empfohlen.
1956 wurde in Changtu ein Spital eröffnet, das ausschließlich mit Qi Gong behandelt. Asthma, Bluthochdruck, Herzkreislauferkrankungen sowie Magendarmerkrankungen wurden dort behandelt. Es folgten weitere Spitäler in Fushu, Leningrad, Canada (bereits sieben).

1966 - 1976 während der *Kulturrevolution* waren sämtliche Formen bzw. Methoden des Qi Gong oder ähnlichem verboten.
1974 wurden wenige gerettete Schriften als Opfergabe in einem Grab in Changsha

entdeckt. Es sind dies gut erhaltene Bambus-Stücke und Seidenmalereien, die Übungen für Fitneß, Rezepte zur Pflege des Lebens sowie Kopien von „Dao der Macht", „Buch der Wandlungen" und einigen medizinischen Büchern, die für Qi Gong große Bedeutung haben, enthalten.

Erst *1978* konnte von einer *Wiedergeburt des Qi Gong* gespochen werden.
Es entstanden staatlich geführte Qi-Gong-Institute, was den Nebeneffekt hat, daß Krebsinstitute in Peking die Wirkung von Qi Gong untersucht haben.
Mit dem Ergebnis, daß Personen, die mit Qi Gong „vorbehandelt" wurden, die Chemotherapie und die Nachbehandlung bedeutend besser und kraftvoller überstanden haben.

1980 verbreitete sich „Der fliegende Kranich" - Qi Gong, von Pang Heming entwickelt. Sein Nachfolger Zhao Jinxiang machte ihn bekannt.

In der östlichen Tradition werden wir immer wieder mit zwei Dingen konfrontiert: Yin und Yang und den sieben Chakren.

Wenden wir uns zunächst den *sieben Chakren* zu.
Sie sind Energiezentren in unserem Körper. Nach der östlichen Medizin spielen sie eine wichtige Rolle. Sie transportieren die Lebensenergie im Körper. Sind Leit- oder Kommandostellen. Die Lebensenergie wird über die Meridiane im Körper verteilt.
Die Chakren sind unlösbar mit dem Meridiansystem verbunden.
Ebenso besteht eine Verbindung unter den einzelnen Chakren.

Sie sind eine Art Transformator. Sie empfangen Energie. Diese Energie wird dann absorbiert und übertragen.
Energie, die nicht übertragen wird, wird von den Chakren gespeichert.
Chakren können das Chi aber auch in seiner Schwingung verändern und so für verschiedene Zwecke verwendbar machen.
So wird zum Beispiel die Schwingung auf körperliche Ebene reduziert und für Selbstheilungsprozesse zur Verfügung gestellt.

Sie kennen vielleicht die Abbildungen der Chakren als verschiedenartige und unterschiedlich gefärbte Lotosblüten.

Wir können uns vereinfacht vorstellen, daß diese sieben unterschiedlichen Blüten an unserer Wirbelsäule mit unsichtbarem Faden befestigt wurden.
Die Blütenblätter werden „Nadis" genannt.
Sie stehen in engem Kontakt mit dem Nervensystem. Genau in dieses verteilen sie die empfangene Energie.
Sie verteilen die Energie im physischen Körper.

Chakren öffnen sich, um neue Information über die Zustände der Körper zu bekommen.
Die Körper sind dabei der physische Körper, Ätherkörper, Emotional-, Mental-,

Astral-, Kausal-, Seelen- und Spiritualkörper.
Diese Körper werden wir etwas später noch genauer betrachten.

Doch nun zurück zu den sieben Hauptchakren.

Diese sieben Energiezentren steuern die wichtigen endokrinen Drüsen. Sie beeinflussen ihrerseits die körperliche und seelische Gesundheit.

Jedes Chakra hat eine bestimmte Pulsfrequenz.
Einige schwingen schneller, einige langsamer.
Ist ein Chakra nicht aktiv, stört es die benachbarten Chakren in deren Funktion.
Das können wir uns so vorstellen :
Es ist wie bei einer Autobahn. Ist bei einem Knoten ein Unfall passiert, wird sich mit der Zeit ein Stau bilden, der langsam in Richtung des vorangehenden wächst.
Im Extremfall bricht der ganze Verkehr zusammen und die Autobahn muß gesperrt werden.
So weit wollen wir es nicht kommen lassen.

Doch sehen wir uns die einzelnen Chakren im Detail an.

Das erste Chakra:

Es wird auch Basis- oder Wurzelchakra genannt. Es stellt das Tor zur Erde dar. Wir finden es in der Steißbeingegend. Es wird auch am Damm angesiedelt, wo es am logischsten ist, da dort die ungehinderte Verbindung zur Erde aufzubauen ist.

Ihm wird die Farbe „Rot“ zugeordnet. Seine Energie ist die Grundenergie.
Seine körperliche Verbindung besteht zum Dickdarm, den Beinen und Füssen und zum Skelett.

Ist das Wurzelchakra gestört, führt das auf körperlicher Ebene zu schlechter Verdauung (Verstopfung), Übergewicht, Hämorrhoiden, Gicht und Arthritis, Kniebeschwerden und schlechter Durchblutung von Beinen und Armen.

Da die chinesische Tradition hinter jeder Krankheit den seelischen Auslöser sucht, wenden wir uns der seelischen Komponente zu.
Es ist für Verbindung zur Erde zuständig. Damit hängt das Vertrauen zum Überleben und der Abbau seelischer Spannungen zusammen.
Bei Störungen kann es zu erhöhter Unfallneigung, Abhängigkeit, Identitätskrisen und schwachem Selbstbewußtsein kommen.

Das zweite Chakra:

Es liegt in der Mitte des Bauches.
Es ist der Sitz der Kraft und Vitalität. Es ist auch das „Tor des Lebens“. Seine Farbe ist „Orange“.
Ihm sind körperlich die Geschlechtsteile unterstellt. Weiters fallen die Blase und der Kreislauf in seinen Aufgabenbereich.
Ist das zweite Chakra gestört, kann es zu Rückenschmerzen, Unfruchtbarkeit, PMS (prämenstruelles Syndrom), Krankheiten der Genitalien und Arthritis kommen.

Seine seelische Komponente:
Sexualität und Kreativität. Ist die Kraft und Vitalität geschwächt, führt das zwangsläufig zu einer geschwächten Persönlichkeit, Depressionen, Hysterie und Impotenz.

Das dritte Chakra:

Es liegt im Solar Plexus und ist Sitz der Emotionen.
Ihm wird die Farbe „Gelb“ zugeordnet.
Die körperliche Verbindung finden wir zu Nebennieren, Solar Plexus, Milz, Pankreas und Magen.
Liegen hier Störungen vor, werden sie sich als nervöser Magen, Anorexie, Diabetes, Blutzuckerschwankungen, Anämie, Allergien, Übergewicht sowie Leber-, Nebennieren- und Milzerkrankungen auswirken.

Auf seelischer Ebene ist es für die Gefühle der Macht zuständig. Ist dieses gestört, fallen wir in Sucht und zwanghaftes Verhalten.
Als Sitz der Emotion wohnen hier Wut und Furcht. Manische Depressionen, Schlaflosigkeit und psychosomatische Krankheiten aller Art hängen mit dem dritten Chakra zusammen.

Das vierte Chakra oder Herzchakra:

Es liegt im Herzbereich, in der Mitte der Brust. Es ist das Zentrum für Liebe - sowohl Eigenliebe als auch das wohlwollende Entgegenkommen anderer.
Ihm wird die Farbe „Grün“ zugeordnet.
Herz, Thymusdrüse, Immunsystem, Kreislauf, Lungen und Atmungsorgane sind ihm unterstellt.
Wenn es nicht richtig funktioniert, hat das Herz-Kreislauf-Beschwerden, Krankheiten der Atemwege, hohen Blutdruck und Schmerzen im oberen Rücken sowie Kinderkrankheiten zur Folge.

Seelisch untersteht ihm das Verständnis, das Mitgefühl und die bedingungslose Liebe.
Störungen führen zu inneren Konflikten, Neigung zur Selbstzerstörung, Beziehungsproblemen und zum Gefühl der Entfremdung und Einsamkeit.

Das fünfte Chakra oder Kehlkopfchakra:

Es hat seinen Sitz in der Mitte der Kehle und ist das Zentrum des Vertrauens. Seine Farbe ist „Hellblau".
Seine körperliche Ausprägung findet es in der Schilddrüse, der Nebenschilddrüse, dem Lymphsystem. Es ist weiters für das Immunsystem und das Nervensystem verantwortlich. Kommt es zu Störungen dieses Chakras, können Störungen wie Zahn- und Ohrenschmerzen, Beschwerden im Hals und Schulterbeschwerden, Krankheiten der Bronchien und Schwierigkeiten beim Hören und Sprechen auftreten.

Die seelische Seite umfaßt das Vertrauen, den Ausdruck, die Kreativität und Kommunikation.
Hat der Betroffene ein schlechtes Gedächtnis, Probleme, sich verständlich auszudrücken, stottert er oder zweifelt er ständig an der Aufrichtigkeit der anderen, ist das fünfte Chakra nicht oder nur eingeschränkt in Aktion.

Das sechste Chakra - das Dritte Auge:

Es liegt in der Mitte der Stirn, zwischen den Augen. Es steuert die Wahrnehmung, das kritische Urteilsvermögen und die Hellsichtigkeit.Seine Farbe ist „Indigo".
Die körperliche Verbindung besteht zur Hirnanhangsdrüse, der linken Gehirnhälfte und dem Zentralnervensystem.
Ist es gestört, finden wir die Symptome der Nervosität, Augenprobleme, Kopfschmerzen und Sinusitis (Nebenhöhlenerkrankungen).

Die seelische Seite ist für Klarheit und Einsicht und das Interesse an spirituellen Fragen zuständig.
Gibt es in diesem Bereich Störungen, führt dies zu Verwirrung, schlechtem Gedächtnis, Konzentrationsschwäche, Paranoia, Realitätsverlust. In extrem schweren Fällen kommt es zur Schizophrenie.

Das siebente Chakra - das Kronen- oder Scheitelchakra :

Es liegt am höchsten Punkt unseres Kopfes, dem Scheitel und ist der Sitz unseres Bewußtseins.
Seine Farbe ist „Purpur“, in manchen Traditionen auch „Weiß“.
Seine körperliche Entsprechung findet es in der Hypophyse, der rechten Gehirnhälfte und dem Kleinhirn.
Ist seine Funktion gestört, treten Migräne, Epilepsie und Krankheiten der Hypophyse auf.

Der seelische Teil spiegelt Intuition, Aufgeschlossenheit, Glauben und Zugang zu höheren Energien und Ebenen wider.
Treten Störungen auf, führen sie zu Leichtgläubigkeit, Alpträumen, multipler Persönlichkeit und spirituellem Desinteresse.

In der östlichen Tradition ist es nicht erlaubt, Kindern über den Kopf zu streichen. Der Grund dafür ist recht einsichtig. Die Fontanelle ist die Spalte im Scheitelbereich, die während der Geburt das Übereinanderschieben der Schädelteile ermöglicht. Sie wächst langsam zu und verknöchert mit zunehmendem Alter.
Kinder sind also im wahrsten Sinn des Wortes noch offen für alles, was von oben kommt.
Wenn wir die Hand auf einen anderen Körper legen, übertragen wir Energie.
Die bewußte Übertragung wird in der Methode des Reiki verwendet. Unbewußt nutzt jede Mutter diese Technik - hat sich ihr Kind verletzt oder hat es zum Beispiel Bauchschmerzen, legt sie die Hand auf die schmerzende Stelle. Und siehe da, die Schmerzen werden erträglich.

Genauso unbewußt geben wir mit jeder Berührung Energie und Information ab. Sie können sich vorstellen, daß es nicht immer die tollsten Informationen sind, die wir da abgeben.

Um eine negative Beeinflussung des heranwachsenden Kindes zu vermeiden, ist nun die Kopfzone tabu.

Sie können sich wohl noch an die lieben Verwandten erinnern, die Sie selbst bei jeder Begegnung auf dem Kopf getätschelt haben ? Oder hat es Sie bei den eigenen Kindern gestört, dieses „Ach bist Du aber gewachsen! Du bist ja so lieb!“ und dazu wird getätschelt, daß man glaubt, die Kinder sollen in den Boden gerammt werden.

Vielleicht ist das Wissen um die Energiezentren ein Anstoß, solches Verhalten zu ändern.

Sie merken in jedem Fall, daß das System der Chakren weit über den körperlichen Aspekt hinausgeht. Damit eng verbunden ist auch der Bergriff des Energiekörpers.
Vielleicht haben Sie schon die wundervollen Bilder der Kirlianfotographie gesehen. Es ist jene Technik, mit der die Energiestrahlung eines Körpers fotographiert werden kann.
Es gibt etliche Bücher, die die Energie von Pflanzen, insbesondere Bachblüten, sehr deutlich zeigen.

Auf Esoterikmessen finden Sie Stände der Aurafotographie.

Was ist nun der „unsichtbare“ Energiekörper des Menschen ?
Viele Jahrtausende lang berichten Mystiker über einen Ätherkörper des Menschen. Er soll den Menschen als Aura einhüllen.
Diese Aura wird auch in unserem täglichen Sprachgebrauch verwendet. Man sagt: Es umgibt ihn die Aura des Mystischen. Sie hat eine ganz besondere Aura - und meint, daß sie eine ganz besondere Ausstrahlung hat.

Schon die Pythagoräer erwähnen ca. 500 v. Chr. den strahlenden Körper des Menschen. Licht habe im Körper verschiedene Wirkungen und könne Krankheiten heilen. (Dieses Prinzip wird heute in der Lichttherapie durch Bestrahlung mit unterschiedlichen Farben genutzt.)

Anfang des 12. Jahrhunderts stellten Boirac und Liebault die Theorie auf, daß der Mensch eine Energie besitzt, die mit anderen entfernten Menschen Kontakt aufnehmen könne.
(Das Prinzip von Telepathie oder Reiki-Fernübertragung.)

Im 19. Jahrhundert führte Graf Wilhelm von Reichenbach Experimente mit einer Energie, die er Od nannte, durch.
Bis 1911 waren es Experimente, die sich im Geist der Menschen abspielten. 1911 konnte der Arzt William Kilner die Aura als strahlenden, farbigen Nebel deutlich machen. Er verwendete dazu farbige Schirme und Filter.
Er konnte feststellen, daß Menschen nicht nur körperlich und geistig unterschiedlich waren, sondern sich auch in der Aura unterschieden. Was er auch als Wechselwirkung erkannte.
Er bemerkte, daß bei Krankheiten Unregelmäßigkeiten in der Aura auftreten. Daraus entwickelte er ein eigenes Diagnosesystem.
Zur selben Zeit beschäftigte sich Dr. Wilhelm Reich mit der universellen Energie, die er Orgon nannte. Er war Freudschüler und beschäftigte sich mit den Auswirkungen von aufgestauten Gefühlen auf den Körper.

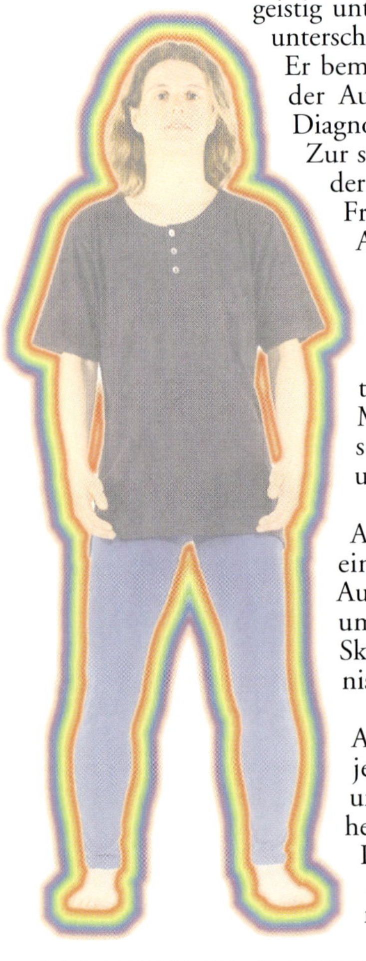

Mitte dieses Jahrhunderts entwickelten Dr. George De La Warr und Dr. Ruth Drown neue Instrumente, um die Strahlung des Körpers zu messen.
Mittlerweile anerkennt auch die Medizin, daß es ein schwaches elektromagnetisches Feld gibt, das uns umgibt.

Aura ist nun die unsichtbare Strahlung, die uns wie eine Lichtstrahlung umgibt. Künstler stellen diese Aura zum Beispiel als Heiligenschein dar. Diesen umgebenden Schein finden wir in alten indischen Skulpturen, den Felsmalerein in Australien und indianischen Totempfählen.

Alle Lebewesen werden von ihr eingehüllt. Sie ist bei jedem Menschen anders gestaltet. Aus ihrer Form und Farbe lassen sich Rückschlüsse auf die Person ziehen.
Ist die Aura ausgefranst, ist die Person offen für äußere Einflüsse. Dies kann zum Problem werden - man kann sich nicht abgrenzen.

Ist die Aura von zu starken Umrissen umgeben, läßt dies auf tiefe Unsicherheit bzw. ablehnende oder feindselige Haltung schließen.

Auch wenn die meisten von uns die Aura nicht sehen können, nehmen wir sie in der Begegnung mit anderen Personen wahr. Eben als jene Ausstrahlung, die wir empfangen und die uns den Kontakt mit der Person erstrebenswert erscheinen läßt oder ihn uns vermiest.

Kennen Sie die russischen Puppen? Jede Puppe enthält ihrerseits wieder ein Püppchen in sich.
So können wir uns den Energieaufbau unserer energetischen Hülle vorstellen.

Der Ätherkörper
Dieser befindet sich zwischen dem physischen Körper und den anderen Energieebenen. Er ist der ausgleichende Teil und wird in blaugrauer Farbe wahrgenommen.
Er ist ein energetisches Duplikat des dichten, sichtbaren Körpers. Auch er enthält den gesamten Plan aller Organe. Durch ihn fließt die Lebenskraft (in beide Richtungen), wobei diese Kräfte kreativ, also schöpferisch sind.
Sie erfüllen unsere Materie mit Leben, Form und Energie.
Diese von außen kommende Energie läßt sich durch Willenskraft steuern. Ein Experiment beweist uns dies - Töne können Muster in willkürlich ausgestreuten Sand formen.

Wenn hier Störungen auftreten, wird der physische Körper negativ beeinflußt. Die Immunschicht wird geschwächt.
Damit werden wir anfällig für Infektionen und auch für genetische Defekte.

Der Emotionalkörper
Der Emotionalkörper ist direkt mit dem Solarplexus und dem Herz-Chakra verbunden. Er ist heller als der Ätherkörper und wird als bunte Wolkenschicht, die ständig in Bewegung ist, geschildert.
Er ist der Träger unserer Gefühle, Emotionen und Charaktereigenschaften.
Je höher der Mensch in der Ausprägung seiner Gefühle, Neigungen und charakterlichen Eigenschaften entwickelt ist, desto heller und klarer erscheint sein Emotionalkörper.
Diese Schichte kann bis zu mehreren Metern groß werden,
Ist er ausgeglichen, besitzen wir emotionale Ausgeglichenheit und seelische Stabilität. Negative Emotionen lassen ihn trüber werden.
Positive Gefühle verstärken seine Farbe und seinen Glanz.

Kein anderer unserer feinstofflichen Körper prägt so die Sichtweise der Welt und der Wirklichkeit, wie der Emotionalkörper.

Jeder Mensch hat seine eigene Welt - jeder eine andere Sichtweise.
Wir reagieren auch auf die selbe Situation je nach Emotion unterschiedlich -

manchmal lassen uns schreiende Kinder kalt. Beim nächsten Mal könnten wir aus der Haut fahren.

Sie senden auch genau über diese Schicht ihre Botschaften an die Umwelt und verwirklichen damit das Prinzip der Anziehung -
was Sie aussenden, werden Sie auch anziehen.

So können wir die Umwelt auch als Spiegel dessen sehen, was in uns selbst vorgeht.

Der Mentalkörper
Der Mentalkörper wird als hellgelb beschrieben. Er verändert sich mit den Gedanken und ist für unser klares Denken zuständig. Er enthält die Strukturen unserer Gedanken und Ideen.
Je lebendiger und tiefer die geistige Betätigung des Menschen ist, desto klarer und intensiver werden seine Farben.
Durch den Einfluß des Emotionalkörpers werden Informationen häufig verzerrt und das Denken gefärbt.
Das bedeutet, daß unser rationaler Verstand nie unparteiisch oder objektiv sein kann - auch wenn wir das gerne hätten.
Gedanken, die auf diesem Weg im Mentalkörper entstehen, werden sich mit unserem Wohlbefinden und ganz irdischen Problemen auseinandersetzen.

Die wirkliche Aufgabe des Mentalkörpers ist es aber, die universellen Wahrheiten, die von höheren Ebenen des kosmischen Bewußtseins auf uns einstürmen, so umzuwandeln, daß wir sie begreifen können.
Diese vielleicht wenig greifbaren „universellen Wahrheiten" äußern sich als Intuition, plötzlicher Einsicht, Bildern, die wir sehen, der zündenden Idee.
Lange Zeit haben wir nach der Lösung eines Problems gesucht - plötzlich ist die Lösung da.

Wird er durch Unruhe gestört, schlägt sich das auf unsere Ausscheidungsorgane, vor allem die Nieren leiden darunter.
„Es geht uns an die Nieren." Es kommt dann zu einer Anhäufung von Giftstoffen im physischen Körper und dadurch zu Allergien, Streß und Spannung auf der muskulären Ebene. Besonders die Nacken- und Schultermuskulatur zeigt uns die dringend nötige Pause durch Schmerzen an.

Der Astralkörper
Der Astralkörper ist intensiver als der Mentalkörper. Er ist mit dem Solarplexus und dem Herz-Chakra verbunden.
Ist der Astralkörper intakt, verstehen wir die Ereignisse, die um uns geschehen. Wir können uns in den Strom des Lebens einfügen und haben sogar eine Ahnung von der Zukunft.
Hier werden die „Geistesblitze" des Mentalkörpers vorbereitet und bei passender Gelegenheit „eingespielt".
Sie bekommen also eine Idee, wie komplex Prozesse ablaufen.

Der Astralkörper ist wie ein Externspeicher eines Computer - er zeichnet alle Erfahrungen von vergangenen Leben auf, verhindert aber, daß sie an unser Bewußtsein dringen. Es ist eine Schutzfunktion, die unser jetziges Leben vor ungewollten Eindrücken schützt.
Er ist wie ein Filter - das Wissen ruht in unserem Unterbewußtsein. Es läßt sich aber bewußt anzapfen - z.B. in Hypnose.

Das überwältigende an den verschiedenen Ebenen ist das Zusammenspiel untereinander.

In den äußeren Ebenen wird vorbereitet und gefiltert, was langsam und zum richtigen Zeitpunkt an die inneren Schichten und zuletzt an den physischen Körper weitergegeben wird.

Sie merken aber auch, wie lange es dauert, bis sich Krankheit manifestiert.
Wir müssen lernen, wieder mehr auf unseren „unsichtbaren" Körper zu achten und seine Signale wahrzunehmen.
Dann kann uns keine „plötzliche" Krankheit überraschen.

Der Kausalkörper
Der Kausalkörper ist kristallklar und tiefblau. Er ist mit dem Halschakra verbunden und ist der Sitz der Willenskraft.
Er ist zuständig und förderlich für die Interaktionen mit anderen Menschen. Durch ihn können wir unsere Bestimmung erfüllen. Er ist das Tor zu höherem Bewußtsein - er überprüft Informationen aus vergangenen Leben, bevor er sie an den nächsten Filter, den Astralkörper durchläßt.

Er ist der große, übergreifende Externspeicher.
Der Kausalkörper hat die Lebensaufgabe gespeichert und gibt die nötigen Informationen an die darunterliegenden Schichten frei.

Er übermittelt dem Astralkörper z.B. die Information, daß ein Problem aus der Vergangenheit gelöst werden muß.
Hier ist die Aufgabe als ganzes erkennbar. Lösungsansätze werden mitgeliefert.
Im Astralkörper wird dann wieder gefiltert, was zum jetzigen Zeitpunkt für die Person verkraftbar ist.

Dann wird weitergegeben an den Mentalkörper, der die passende Lösung aussucht.
Weiter geht es zum Emotionalkörper und dann in unser Bewußtsein.

Jetzt erst beginnen wir zu handeln.

Der Seelenkörper
Der Seelenkörper ist strahlend gold und mit dem dritten Auge verbunden. Er enthält unser spirituelles Wesen und wird auch oft als unser „höheres Selbst" bezeichnet.

Direkten Kontakt zu unserem physischen Körper hat er über die Zirbeldrüse, die ihren Sitz im Scheitel hat.
Über ihn strömen unablässig die höchsten und strahlendsten Energien auf spirituel-ler Ebene ein.

Sie erhöhen die Schwingung des Körpers.
Dieses höher Schwingen kann man sich wahrscheinlich schlecht vorstellen. Trifft man höher schwingende Menschen, erscheinen Sie feiner, sensibler.

Wir können diesen Teil unseres Körpers auch unseren göttlichen Teil nennen. Er bleibt während der ganzen Entwicklung, die wir durchschreiten, bestehen.
Alle anderen Körper lösen sich mit der Zeit und der Entwicklungsstufe auf.

Höher schwingen heißt auch, in eine andere Bewußtseinsebene zu gehen. Auch der Tod wird als ein Überschreiten der Grenze, ein Eintreten in eine andere Ebene angesehen.

Hier ist die Auflösung aller Körper, außer des Seelenkörpers, am besten zu erken-nen.

Es ist die Erreichung einer höheren Schwingung nichts, was uns Angst machen muß.
Unser Leben gewinnt durch die Öffnung für höhere Schwingungen einen gänzlich neuen Sinn.

Wir erleben das Getragen werden, wissen uns beschützt und behütet. Vieles, was vorher Probleme verursachte, löst sich fast von selbst auf oder erscheint nicht mehr wichtig.

Der Sprituelle Körper
Der Spirituelle Körper ist ein leuchtend-, buntes Band. Er ist mit dem Herz-Chakra verbunden und enthält unseren kompletten feinstofflichen Plan.
Gleichzeitig ist er ein Schutzschild, der die umgebenden Energien von unserem Körper abhält.
Die äußerste Schicht bildet die ätherische Hülle.

Er ist der höchst schwingende Teil unseres Körpers. Er umschließt den Seelenkörper und schützt ihn.

Hier beginnt der Weg jeder Energie durch unseren „unsichtbaren“ bis zu unserem physischen Körper.

Achten Sie auf ihre Aura. Umgeben Sie sich mit schönen Dingen, Düften, Gedanken.

Sie merken, wie Sie sich selbst verändern, sich ihre Umwelt ändert und es Ihnen

selbst immer besser geht.
Sie werden eins mit sich selbst. Sind das Zentrum Ihres Universums.

Die einzelnen Schichten wurden der Einfachheit halber einzeln und getrennt beschrieben. In der Wirklichkeit sind sie ineinander verwoben und untrennbar verbunden.
An der Aura läßt sich erkennen, wie gut es uns geht. Ist ein Mensch ausgeglichen und harmonisch zentriert, ist seine Aura größer.
Wir merken dies, weil er Ruhe ausstrahlt oder wir das Gefühl haben, schon zu wissen, wann er den Raum betritt. Man spürt diese Person schon gefühlsmäßig, ohne körperlichen Kontakt zu haben.
Eine andere Reaktion werden wir bei griesgrämigen Personen, die ständig schlecht aufgelegt sind, bemerken - man hat oft das Gefühl von Kälte, wenn man neben ihnen steht. Oft spürt man richtig, wie sie Energie abzapfen - nach einem Gespräch mit solch einer Person ist man total ausgelaugt und geschafft.

Sie haben jetzt einen kurzen Einblick in den energetischen Aufbau des Körpers bekommen.
Jetzt können Sie sich vorstellen, auf welch subtile Weise wir auf unsere Umwelt und Geschehnisse reagieren.
Oft beschädigen, im ersten Augenblick harmlos wirkende Ereignisse, unsere Aura, ohne daß es uns bewußt wird.
Werden dieser Verwundung immer wieder neue hinzugefügt, werden sich ernsthafte Schäden einstellen.
Je sensibler Sie energetisch reagieren, desto früher lassen sich solche Wunden heilen.
Je weniger Sie auf solche feinen Zeichen achten, umso heftiger wird die körperliche Reaktion sein.
Ein Beispiel:
Ein emotionaler Schock. Man ist bis ins Herz getroffen. Man kränkt sich. Man kann seinen Gefühlen nicht freien Lauf lassen und verdrängt das Ganze.
Immer wieder wird man emotional getroffen. Immer ins Herz. Doch man kann sich noch nicht wehren.
Mit der Zeit beginnt man, den Brustkorb zu verkleinern - die Schultern hängen herunter. Die ganze Haltung wird traurig.
Immer tiefer sitzt der Schmerz, immer kleiner wird der Brustraum. Solange, bis das Herz nicht mehr genug Raum hat und sich sehr schmerzhaft zu Wort meldet.

Im Nachhinein erkennt man all die Symptome, die es bis zum Herzinfarkt gegeben hat. Doch erst dann, wenn es zu spät ist.

Sie merken schon, wie fein der Mensch in Wirklichkeit ist. Wie sehr verschiedene Ebenen zusammenspielen.
Es ist auch wundervoll zu sehen, wie Techniken, die dem komplementär-medizinischen Bereich zugerechnet werden, auf ganz feine, sanfte Weise wirken können.

So können Sie jetzt nachvollziehen, daß Qi Gong nicht nur rein muskelentspannend ist. Es wirkt auf allen Ebenen unseres Körpers kräftigend, zentrierend, energieanregend und ausgleichend.

Versuchen Sie diesen Ansatz auch in Ihr tägliches Leben zu integrieren und betrachten Sie manche Vorgänge aus einer anderen Sicht. Manches wird dann vielleicht klarer. Manches trifft dann vielleicht nicht mehr so stark oder läßt sich bewußt besser verarbeiten.

Als es noch kein Chaos gab, hatten die Menschen
der alten Zeit eine stille Ruhe, die der ganzen Welt eigen war.
Zu der Zeit waren Yin und Yang harmonisch und still;
ihre Ruhe und ihre Bewegung gingen ohne Störung vonstatten;
die vier Jahreszeiten hatten ihre festen Termine,
nicht einem einzigen Ding geschah Unrecht,
und kein Lebewesen kam zu einem vorzeitigen Ende.
Die Menschen mögen die Fähigkeit zu wissen besessen haben,
sie hatten aber keine Gelegenheit, sie zu gebrauchen.
Dies war, was man den Zustand vollkommener Einheit nennt.
Zu dieser Zeit gab es keine Handlungen,
sondern nur ständige Manifestation der Spontanität.
Chuang-tzu

Das Harmonie-Prinzip Yin - Yang

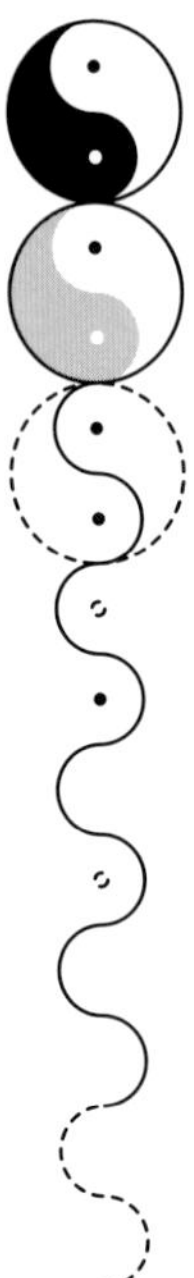

Das Zeichen besteht aus einem Kreis, der das Universum symbolisiert. Dieser Kreis ist durch eine S-Linie in zwei Hälften geteilt, von denen eine Hälfte schwarz und eine weiß ist.
Die schwarze Hälfte versinnbildlicht die Erde bzw. das weibliche, aufnehmende Prinzip.
Die weiße Hälfte ist Sinnbild für den Himmel bzw. das männliche, gebende Prinzip.
Es ist ein linksdrehendes Zeichen.

In jeder Hälfte finden wir einen Punkt in der Farbe des anderen Elements.

Das bedeutet:
Das Yin ist im Yang geborgen und Yang im Yin.
Beide Hälften sind absolut gleich und lassen so den Schluß zu, daß sie in perfekter Harmonie zueinander stehen.

Wir wissen, daß sich die Erde um die Sonne dreht. Gleichzeitig führt sie auch eine Eigenrotation um sich selbst durch. Die Erdachse weist nun eine Neigung von 66,34 Grad auf.
Durch diese Neigung entsteht beim Sonnenumlauf, der bekanntlich ein Jahr dauert, eine S-Linie.

Diese Tatsache ist verblüffend und läßt die Frage aufkommen, wie die „alten" Chinesen ausgerechnet das Yin-Yang-zeichen als irdische Entsprechung kosmischer Tatsachen fanden.

Was sind nun Yin und Yang ?

Sie sind die Urkräfte, die Pole, die wir im täglichen Leben finden.
Yin ist dunkel - Yang ist hell
Yin ist weiblich - Yang ist männlich
Yin passiv - Yang aktiv

Beide Kräfte stehen aber ständig in Wechselwirkung zueinander. Ohne Licht gibt es keine Dunkelheit und umgekehrt.
Ohne Hitze würden wir die Kühle nicht bemerken.
Ohne Leben würde es den Tod nicht geben.

Obwohl sie gegensätzlich sind, finden wir die Gegensätze ineinander. -
Es gibt nichts männliches ohne einen weiblichen Kern. Alles Weibliche trägt einen männlichen Kern in sich. Ein Beispiel dazu:
Jeder Mann trägt den weiblichen Kern des Mitgefühls in sich. Jede Frau braucht den männlichen Kern der Entscheidungskraft.
Fehlt der Kern des anderen Poles, wird die Harmonie gestört und das ganze System kippt - der Mann wird hart wie Stein, die Frau wird passiv und hilflos.

Die Zuordnung von Gegenständen oder Situationen ist nicht immer einfach. Man muß bei der Bestimmung immer auf das Bezugssystem achten.
Eine Kirche ist von der Gestalt, dem spitzen Turm her Yang. Wird eine Totenmesse gelesen, ist sie von der Funktion her plötzlich Yin.

Es ist auch hier eine Frage des „Standpunktes" .

Steh mit beiden Beinen auf dem Boden
und berühre mit den Fingern den Himmel.
Du bist Mittelpunkt des Universums.
Elja

Die Qi Gong Atmung.

Sie finden in den Übungsbeschreibungen immer wieder den Hinweis auf die richtige Atmung.
Wenn Sie an die Übung herangehen, konzentrieren Sie sich zunächst aber auf den Bewegungsablauf. Achten Sie darauf, daß Sie langsam und regelmäßig weiteratmen.
Erst wenn Sie den Bewegungsablauf können, gehen Sie zur Kombination mit der richtigen Atmung über.
Sie werden sehen, daß es dann nicht mehr schwierig ist, richtig zu atmen und sich

auf die Übung zu konzentrieren. Die harmonische Übereinstimmung wird sich fast von selbst einstellen.

Die Atmung und Atmungsbewegungen spielen bei Qi Gong eine große Rolle. Durch ständiges Üben ist es möglich, die flache Brustatmung in eine tiefe Bauchatmung umzuformen. Durch diese tiefe Atmung wird das Lungenvolumen erhöht und damit Stoffwechsel und Blutkreislauf gefördert.
Die tiefe Atmung wirkt gleichzeitig auch wie eine Massage auf verschiedene innere Organe und fördert so die Verdauung. Das wirkt sich auf den Gesundheitszustand positiv aus und dient so auch der Krankheitsvorbeugung.

Sie können langsam beginnen, bewußt zu atmen.

Achten Sie darauf, daß Sie, egal welche Atemübung Sie wählen, immer mit der Aufmerksamkeit beim Atmen sind.
Verfolgen Sie die eingeatmete Luft auf ihrem Weg durch Ihren Körper.
Mit der Zeit und etwas Übung bekommen Sie ein neues Körpergefühl. Sie werden Ihren Körper akzeptieren und lieben lernen - auch trotz oder gerade wegen der überflüssigen Kilos oder anderer unliebsamer Mäkel.

Einige Atmungsübungen

Natürliche Atmungsmethode:
Es ist dies die Atmung, die der Mensch von Geburt an beherrscht, die aber in diesem Augenblick bewußt kontrolliert wird.
Die Atmungsbewegungen verlaufen natürlich, sind sanft und nicht allzu tief.

Synchronisierende Atmungsmethode:
Beim Einatmen wird der Bauch bewußt gehoben, beim Ausatmen gesenkt. Wir ziehen den Atem in den Bauchraum.
Wir stellen uns dabei vor, wie der Bauch mit jedem Atemzug gefüllt und geweitet wird.
Mit jedem Ausatmen wird er geleert und wir drücken die verbrauchte Luft aus uns heraus. Diese Art der Atmung wird auch in Geburtsvorbereitungskursen verwendet - man atmet zum Kind, versorgt es mit Sauerstoff und „veratmet“ so einen Teil der Wehenschmerzen.
Die Bauchmuskeln werden bei dieser Atemtechnik ebenfalls trainiert.

Nicht-synchronisierende Atmungsmethode:
Im Gegensatz zur vorherigen Methode wird der Bauch beim Einatmen gesenkt und beim Ausatmen gehoben. Ausmaß und Intensität übertreffen die Synchron-Methode bei weitem.
Es ist vor allem am Anfang nicht einfach, diese Methode durchzuführen.
Sie werden aber mit zunehmender Übung merken, daß diese Übung sehr energetisierend ist.

Anhaltende Atmungsmethode:
Zwischen dem Einatmen und Ausatmen eine kurze Pause machen. Dasselbe gilt auch für den Übergang zwischen Ausatmen und Einatmen.
Diese Methode der Atmung wird zum Beispiel bei den Sufis (Derwischen - Nomaden in den arabischen Wüsten und überragende Heiler) sehr oft verwendet. Sie verwenden einen 7-1-7-1 Rhythmus. Das heißt, während des Einatmens bis 7 zählen, 1 Pause, 7 ausatmen und wieder 1 Pause und so fortlaufend.
Es ist eine sehr angenehme Methode des Atmens.
Die Erfahrung zeigt, daß sich gerade zu Beginn Probleme einstellen. Manche Menschen haben Probleme, die 7 Einheiten einzuatmen. Andere haben dieselben Probleme beim Ausatmen.
Zu welchem Typ gehören Sie? Haben Sie Probleme mit dem Einatmen? Vielleicht überlegen Sie sich, wie es Ihnen mit der Aufnahme von Ihnen wohltuenden Dingen geht.
Gestehen Sie sich ein harmonisches, ausgefülltes Leben zu?
Haben Sie Probleme mit dem Ausatmen? Woran hängen Sie? Was können bzw. wollen Sie nicht loslassen?

Wenn Sie nun beginnen, eine diese Atemtechniken zu üben, wappnen Sie sich mit Geduld. Atemtechniken sind nichts, was man zwischendurch erlernen kann. Gönnen Sie sich Zeit und Ruhe während des Atmens.
Beginnen Sie mit der Beobachtung des eigenen Körpers, der Atembewegungen und wie sich der aufgenommene Atem in Ihrem Körper fortpflanzt. Spüren Sie wie sich Atem auf seinen Weg durch die Nase macht. Wie er sich die Luftröhre hinunter begibt in die Lungenflügel. Wie sich die Lungenflügel weiten. Die Lungenbläschen sich mit Luft füllen. Der Brustraum weit wird. Der Atem in den Bauchraum wandert.

Es ist sehr wichtig sich langsam in bewußtes Atmen fallen zu lassen, da schon dadurch viele Blockaden im Körper beseitigt werden und Emotionen, Gefühle und Bilder hochkommen können, die man längst vergessen oder besser gesagt verdrängt hat. Es ist eine wundervolle, sanfte Methode zur Bewußtwerdung und zur Erreichung inneren Friedens.

Wenn Sie nun mit dem „Atmen“ beginnen, achten Sie darauf, nicht zu schnell und zu tief zu atmen. Es ist dies ein Fehler, der zu Beginn gerne gemacht wird. Diese Atmung führt zu überhöhter Sauerstoffaufnahme - zur Hyperventilation. Es wird das Blut mit zu viel Sauerstoff angereichert und belastet so den ganzen Organismus. Man merkt es durch einsetzendes Kribbeln in Armen und Beinen, es tauchen Schwindelgefühle auf, man sieht „Sternchen“.
Jetzt ist es Zeit, langsamer und nicht so tief zu atmen. Zu diesem Zeitpunkt kann man sich noch selbst „abfangen“, sich also noch beruhigen.
Man kann dann die Hände zu einer Schale formen und in diese Schale atmen und die ausgeatmete Luft wieder einatmen. Statt der Hände kann auch ein Sackerl genommen werden. Der Effekt ist derselbe: es wird statt Sauerstoff, Kohlendioxid eingeatmet und so der Sauerstoffgehalt im Blut wieder auf seinen normalen Wert

zurückgebracht. Das Kribbeln und der Schwindel verschwinden wieder.
Beachten Sie bitte die ersten auftretenden Symptome. Atmet man in der selben Intensität weiter, beginnt sich die Muskulatur zu verkrampfen und es wird immer schwieriger, sich selbst aus diesem rauschartigen Zustand herauszubekommen.

Die frühesten Aufzeichnungen, die es über Qi Gong gibt, finden wir als Inschrift auf einem Knauf eines Stabes. Es dürfte der Stab eines Daoisten oder Magier gewesen sein. Dieser Knauf ist 12eckig und enthält folgende Beschreibung der Atemtechnik:

Man hält den Atem an und sammelt sich,
ist er gesammelt, dann dehnt er sich aus,
dehnt er sich aus, dann geht er hinab,
geht er hinab, dann wird er ruhig,
ist er ruhig, so wird er gefestigt,
ist er gefestigt, so keimt er,
keimt er, so wächst er,
wächst er, so wird er nach oben zurückgezogen,
wird er zurückgezogen, so erreicht er den Scheitel,
erreicht er den Scheitel im Scheitelpunkt,
so stößt er oben an,
im Tiefpunkt stößt er unten an.

Atmen ist Chi-Aufnahme. In dieser Beschreibung wird sehr schön der Weg des Chi oder Atems in unserem Körper geschildert.
Wir nehmen Luft oder Chi auf. Sie begibt sich auf den Weg nach unten.
In unserem Körper gibt es nach östlicher Auffassung sieben Energiezentren oder Chakren.

Das erste Chakra sitzt im Schambereich auf dem Damm und verbindet uns mit der Erde. Befindet sich der Atem in seinem Tiefpunkt, so öffnet er das „Tor zur Erde“.
Wir können die Kraft und Weisheit der Erde aufnehmen.
Mit der Aufnahme der Erdkraft beginnt das „Keimen“.
Der Atem wird durch den Körper bis zum Scheitelpunkt, dem siebenten Chakra gezogen. Dort öffnet er das „Tor zum Himmel“.
Die Kraft des Lichtes und des Himmels können aufgenommen werden.
So entsteht das schöne Bild, daß der Mensch seine Ausrichtung zwischen Himmel und Erde findet - mit beidem in Kontakt steht.
Bewußt tiefes Einatmen kann über die Stimulation des Nervensystems niedrigen Blutdruck ausgleichen. Durch tiefes Atmen kommt es zu einer rhytmischen Stimulierung der Blutgefäßwände, sodaß bereits starre Aterien wieder elastisch werden und ihre Funktion zur Aufrechterhaltung eines normalen Blutdrucks besser gegeben ist.

Was unterstützt die Atmung im Qi Gong ?

Zum ersten zur Auflockerung und zur Erlangung von Ruhe. Durch das bewußte Konzentrieren auf die Atmung verlieren äußere Störeffekte an Bedeutung. Man erreicht dadurch einen meditativen Zustand - Wachheit trotz Ruhe.

Zu Beginn ist es noch nicht wichtig, seine volle Aufmerksamkeit auf den Atem zu lenken. Der Bewegungsablauf erfordert noch sehr viel Konzentration. Die Atmung wird zum Teil ganz automatisch angepaßt, da jedes Heben der Arme ein Einatmen nach sich zieht.
Jedes Senken der Arme ein Ausatmen.
Hören Sie auf Ihren Körper und vertrauen Sie auf Ihr Gefühl und Ihre Intuition.

Wie oft soll man Qi Gong-Übungen durchführen ?

Je öfter Sie üben, desto mehr werden Sie die harmonisierende Wirkung von Qi Gong spüren.
Daher ist es optimal, täglich zu üben. Beginnen Sie aber nicht zu ehrgeizig.

Qi Gong ist das Lächeln in der Bewegung - ein Lächeln kann man nicht erzwingen.

Anfangs ist es angenehm, zehn Minuten täglich zu üben. Sie sollten diese Zeit aber täglich steigern.
Achten Sie auf Ihre Stimmung und Ihren Allgemeinzustand. Wenn es Ihnen zuwider ist zu üben, pausieren Sie ruhig einen Tag. Es fehlt Ihnen sonst an der nötigen Aufmerksamkeit.
Ein Tip: Probieren Sie auch, wenn Sie schlechte Laune haben oder sich nicht ganz wohl fühlen, einige Übungen aus. Die Erfahrung zeigt, daß sich die meisten Leute danach wohler fühlen. So können langsam und bewußt durchgeführte Übungen helfen, Kopf- oder Kreuzschmerzen in den Griff zu bekommen.
Übungen wie das „Diagonale Schneiden des Chi“ oder die „Windmühle“ können die angestaute Wut des ganzen Tages aus uns herausbringen. Wir können einen gemütlichen Abend im Kreis der Familie verbringen.

Ein optimales Zeitmaß ist 30 Minuten bis zu einer Stunde.

Stellen Sie sich Ihren eigenen Übungsplan zusammen - achten Sie auf Ihre eigenen Bedürfnisse.
Kommen Sie zur Ruhe.

Töte darum den aus Unwissenheit geborenen Zweifel
in deinem Herzen mit dem Schwert der Weisheit.
Sei im Einklang mit dir selbst, im Yoga,
und erhebe dich, großer Krieger, erhebe dich.
(Der Rat von Gott Krishna an Arjuna,
der sich auf der Suche nach Erleuchtung befindet)

Wie wirkt Qi Gong ?

Durch die Konzentration auf den eigenen Körper und den eigenen Geist wirkt Qi Gong ausgleichend und beruhigend.
Viele „automatische" Tätigkeiten des Körpers (wie z.B. die Atmung) werden kontrollierbar.

Wir lernen das Chi unseres Körpers zu beherrschen.
Meister der Chi-Beherrschung sind die Shaolin Mönche. Sie können ein Auto mit Hilfe einer Lanze wegschieben, deren Metallspitze im Halsbereich angesetzt wird - ohne Zuhilfenahme
der Hände.
Sie können Ihr Chi absolut perfekt kontrollieren und beherrschen.

Qi Gong beeinflußt außerdem die Gehirntätigkeit und das vegetative Nervensystem, das Herz- und Gefäßsystem und die inneren Organe.
Allein durch die bewußte Atmung wird die Verdauung angeregt und werden die Bauchmuskeln trainiert.

Besonders faszinierend ist die innere Ruhe, die Menschen ausstrahlen, die regelmäßig Qi Gong üben. Sie werden stärker, konzentrierter und leistungsfähiger.
Diese Beobachtung läßt sich durch eine EEG-Aufzeichnung bestätigen.
Bei Menschen, die nicht Qi Gong praktizieren, sehen wir im Wachzustand flache Wellen mit hoher Frequenz und einer Stärke von ungefähr 50 mV. Die verschiedenen Wellen der einzelnen Gehirnbereiche sind schlecht synchronisiert.
Bei Qi Gong-Übenden ändert sich die Hirntätigkeit. Die Frequenz verringert sich auf ungefähr 8 Hz. Die Stärke erhöht sich auf 180 mV.
Die Alpha-Wellen sind untereinander gut synchronisiert.

Die augenscheinlichsten Veränderungen finden wir am Scheitellappen des Großhirns. In diesem Teil des Gehirns befindet sich das höchste Zentrum des zentralen Nervensystems.
Es ist auch für uns Laien leicht einsichtig, daß durch die Qi Gong-Übungen die Funktion des Gehirns stark gefördert wird. Die Synchronisation der Alpha-Wellen und die Ausdehnung in den Niedrig-Frequenz-Bereich tun ihr übriges.

Auch die Atmung ändert sich entscheidend. Die Atmungsfrequenz wird länger. Das heißt, Sie atmen weniger oft ein und aus. Dafür wird die Lungenkapazität wesentlich erhöht.
Die Bauchorgane werden durch eine tiefere Atmung rhythmisch massiert.
So nimmt die Magensekretion zu. Der Umfang der Zwerchfellbewegung steigt um 300-400 %.
Neben dem Magen werden auch Darm, Leber und Milz durch die Atembewegungen massiert. Dadurch wird die Eigenbewegung des Darmes gefördert, die Regulierung der endokrinen Sekretion (also der Hormone) wird verbessert. Die Verdauung wird unterstützt.

Durch den Einfluß, den das Atmungszentrum auf das Nervenzentrum und die Herzfrequenz ausübt, können wir bei bestimmten Übungen eine Senkung der Herzfrequenz beobachten. Bei täglichem Üben ist eine erhebliche Senkung des Blutdrucks zu bemerken.

Durch die Kombination der Bewegung von Muskeln und Gelenken mit bewußter Atmung kommt es zur Erweiterung der Blutgefäße in den Muskeln. Die Zirkulation in den Venen und Lympfgefäßen wird angeregt und verbessert ihrerseits wieder die Herzfunktion.

Wichtig ist auch die Entlastung der Großhirnrinde von körperlichen Irritationen. Sie schaffen somit günstige Bedingungen für Ihren Organismus.
Ihr kompletter Körper kann sich ausruhen, erholen und wieder Kraft tanken. Der körperliche Energieverbrauch sinkt und Sie werden widerstandsfähiger gegen Krankheiten.
Sie fühlen sich nicht mehr so ausgepowert und erschöpft und kehren schrittweise in Ihre Mitte.

Das, was der feinste Stoff ist, ist die Seele der ganzen Welt.
Das ist das Wahre.
Das ist Atman (die menschliche Seele), das bist du.

Gibt es Nebenwirkungen oder Punkte, die beachtet werden sollen ?

Achten Sie bei den Übungen auf Ihren Körper. Vertrauen Sie ihm und gehen Sie nur bis an die Grenzen.
Sie müssen sich und den anderen nichts beweisen.
Sie werden sich zu Beginn der Übungen möglicherweise noch steif und ungelenk fühlen. Akzeptieren Sie das Gefühl - je länger Sie üben, desto mehr Bewegungsfreiraum werden Sie erlangen.
Es ist wichtig, sich ständig seines Körpers bewußt zu sein. Versuchen Sie auch, während des Tages immer wieder auf Ihren Körper zu achten - spüren Sie immer wieder hinein.

Der Nebeneffekt solcher Übungen ist es, daß Sie nicht so leicht außer sich geraten. Falls es doch passiert - kommen Sie leichter und schneller zu sich.

Frauen dürfen auch während der Schwangerschaft Qi Gong-Übungen durchführen. Sie sollten sich aber mit dem Arzt bzw. einem Qi Gong-Lehrer beraten, welche Übungen ausgewählt werden.
Wichtig ist in jedem Fall, daß auf die Ruhe und Gelassenheit noch mehr Augenmerk gelegt wird.
Grenzen, die sich durch stärker werdende Unbeweglichkeit ergeben, sind einfach zu akzeptieren.

Qi Gong ist nicht an Altersgrenzen gebunden.

Schon Kinder können mit leichten Übungen, speziell mit Tierübungen, beginnen. Diese Übungen erinnern an die Bewegungen von Tieren, sind aber in diesem Buch nicht beschrieben.
Ältere Menschen sind ebenfalls eingeladen, Qi Gong-Übungen zu machen. Sie sollten nur ihre Grenzen beachten und die Übungen nicht zu ehrgeizig durchführen. Die Sanftheit der Bewegungen wird ihnen sehr entgegenkommen.

Vor dem Üben ist es nicht unbedingt ratsam, Nahrung zu sich zu nehmen.
Auch Tee oder Kaffee beeinflussen die Konzentration. Es fällt dann schwerer, Ruhe und Entspannung zu finden. Dasselbe gilt auch für Alkoholgenuß bzw. einen durchzechten Abend.
Je länger Sie Qi Gong üben, desto sensibler und feinfühliger werden Sie. Umso mehr werden Sie spüren, wie die Genußgifte Ihre Aufmerksamkeit stören und Sie in Ihrer inneren Ruhe schwächen.

Wenn Sie beginnen, Qi Gong zu üben, kann es passieren, daß die Muskeln schmerzen. Vor allem die Beinmuskulatur reagiert sensibel auf die Übungen.
Es sind ungewohnte Übungen. Jeder, auch wenn er noch so viel auf den Beinen ist, wird merken, wie viele Muskeln er im Alltag nicht bewegt. Ein Muskelkater ist die natürliche Folge.

Wozu sollte man Qi Gong üben ?

Durch regelmäßiges Üben wird Ihre innere Ausgeglichenheit gefördert. Sie nehmen sich Zeit, ganz bewußt aus dem Alltagstrott auszusteigen, den Streß bei Seite zu schieben und wieder Sie selbst - Mensch - zu werden.
Ihre Lebensqualität und Ihre Lebensfreude werden gesteigert. Sind Sie so gestärkt, wächst auch das Vertrauen zu sich selbst.

Durch den bewußten Umgang mit dem Chi - also ihrer Lebensenergie - können Sie sich diese Kraft zu nutze machen.

Qi Gong-Übungen verbinden die innere und äußere Balance. Die Bilder mit denen Sie arbeiten, das bewußte Lenken der Aufmerksamkeit auf bestimmte Körperbereiche ist eine sehr meditative Methode, die innere Balance wieder herzustellen und sich mit eigenen Grenzen auseinanderzusetzen.

Die sanften Bewegungen ermöglichen die äußere Balance. Da kein Erfolgsdruck hinter diesen Bewegungen steht, entspannen Sie den Körper und gleichzeitig den Geist.

Durch die tiefe und vor allem bewußte Atmung wird das Zwerchfell aktiviert und dadurch die natürliche Massage des Bauchraumes begonnen. Diese Massage unterstützt den Darm in seiner Verdauungstätigkeit.
Verdauungsprobleme sind eine Zivilisationskrankheit geworden, regelmäßiger Stuhlgang für manche ein Traumziel.

Qi Gong und seine Atmung sind eine natürliche Hilfe bei der Bewältigung.

Die Übungen haben das Ziel, das Chi im Körper frei fließen zu lassen - Blockaden sollen gelöst werden.
Die meisten Blockaden sitzen bei uns zivilisierten Menschen im Nacken- und Kreuzbereich.

Der Nackenbereich wird zum Beispiel während der täglichen Arbeit am Computer stark beansprucht. Falsche Sitzhaltung tut das Übrige dazu.
Betrachten wir das Problem der Nackenschmerzen auf energetischer Ebene:
Der Nackenbereich ist auch das Tor zu unserer Vergangenheit. Hier wurden und werden alle Informationen gespeichert, die unser Leben betreffen.
In diesem Teil finden wir auch den ältesten Teil unseres Gehirns - das Reptiliengehirn.

Diese Vergangenheit ist nun einerseits die bewußt erlebte Zeit ab unserer Geburt.
Wir kennen das Sprichwort "Die Angst sitzt uns im Nacken" oder das Binkerl, das Kreuz, das uns auferlegt wurde.
Hier sitzt unser Joch, das Los, das es gilt zu tragen.
Alles Dinge, die uns niederdrücken. Sie drücken so lange, bis der Rücken rund wird und wir überspitzt beschrieben "mit der Nase auf dem Boden" herumlaufen.

Der Nacken steht symbolisch für den Ort der Kraft und des Willens.
Das Joch sollte dem Stier, dem es angelegt wurde, den Willen brechen.
Im Nacken trugen Leibeigene einen schweren Ring.
Genau dorthin zielen auch strafende Nackenschläge oder das Beil des Henkers (dann wird der Wille endgültig gebrochen).
Es ist in unserer Gesellschaft meist schwer geworden, den Kopf immer oben zu behalten - auf körperlicher Ebene ist es anstrengend für die Muskeln.
Im übertragenen Sinn ist im Berufsleben das Kopf-Hochhalten auch nicht mehr einfach.

Lassen wir aber den Kopf ständig hängen, wird sich das nicht nur auf unsere Körperhaltung negativ auswirken, sondern auch auf unsere Psyche. Genauso wie unser Kopf traurig hängt, fühlen wir uns auch. Dasselbe gilt auch umgekehrt - sind wir traurig, lassen wir den Kopf hängen.

Beobachten Sie einmal die Menschen Ihrer Umgebung -
Wem geht es schlecht? Wer läßt den Kopf hängen?
Wer ist frohen Mutes und trägt seinen Kopf hoch erhoben?

Die Vergangenheit besteht aber nicht nur aus dem Leben von der Geburt bis zum jetzigen Zeitpunkt. Es reicht weiter zurück - in andere Inkarnationen (Leben vor unserem jetzigen Leben).
Wir bewegen uns auf der Zeitachse und bekommen immer wieder Aufgaben gestellt, die es gilt zu lösen. Manche sind schnell und fast einfach gelöst, sodaß wir

relativ wenig Zeit dafür aufwenden müssen.
Manche Aufgaben sind weit zeitraubender und benötigen für die Lösung ein ganzes Leben. Es mag für uns Westmenschen manchmal mystisch anmuten, doch betrachten wir ein konkretes Beispiel: Ein Kind reagiert beim Kontakt mit Wasser mit panischer Angst. Es gab nachweislich keine Schocksituationen oder unliebsamen Erlebnisse mit Wasser. Diese Angst vor dem Wasser bleibt ihm im Nacken sitzen. Jeder Urlaub am Meer wird zur Qual. Selbst das Baden und Duschen ist von einer leisen Angst begleitet.
Als Erwachsener hat man zwar gelernt, mit dieser Angst umzugehen. Sie ist aber trotzdem präsent und behindert im täglichen Leben.

Beginnt man sich nun ganz bewußt mit seinem Nacken - also dem Bereich der Vergangenheit - zu beschäftigen, startet man den Prozeß der Selbst-bewußt-werdung.
Qi Gong ist dabei ein Hilfsmittel, diesen Prozeß in Gang zu setzen.

Der Kreuzbereich wird auch das Tor zum Leben genannt. Es ist zu beobachten, daß Menschen mit Kreuzschmerzen Probleme mit dem eigenen Leben haben (abgesehen von den Schmerzen).
Der Rücken ist generell der Lastenträger des Lebens, der uns auch den nötigen Rückhalt geben soll.
Der Rücken wird sich unter der unliebsamen Last krümmen - „für jemanden krummlegen".
Die Wirbelsäule ist Heimat der Kundalini-Schlange. Wie die Wirbelsäule macht die Schlange in der Bibel die Menschen erst zu Menschen.
Sie ist auch Spiegel der Entwicklungsgeschichte.
Die Wirbelsäule ist auch Abbild der Yin- und Yang-Abfolge. Sowohl männliche als auch weibliche Teile sind in ihr enthalten - Wirbelkörper - Bandscheiben.

Die Aufgabe der Wirbelsäule ist es, die Stöße des Lebens abzufedern. Die Bandscheiben dienen als eine Art Beilagscheiben, damit die Wirbelkörper nicht aneinander reiben und sich so „aufreiben".

Die Wirbelsäule trägt auch die „Haupt"sache, den stolz erhobenen Kopf. Wir können stolz auf uns sein und müssen uns nicht krümmen wie der bekannte „krumme Hund".

Egal ob Sie nun die Ursache von Schmerzen auf energetischer, psychischer oder rein körperlicher Ebene suchen und beheben wollen, Qi Gong wird Sie dabei unterstützen.

Sie werden wieder zu einer natürlichen Haltung finden. So werden Sie merken, daß längeres Stehen in einer leichten Grundstellung sehr viel leichter fällt als in der steifen Haltung, die wir gewohnt sind.
Anfangs werden Sie ihre Beinmuskulatur bemerken und spüren. Mit etwas Training vergeht das sehr bald.

Alle Gelenke werden sanft bewegt.

Die Übungen sind bis ins hohe Alter zu empfehlen, da sie gerade dann Lebensmut und Lebensfreude erhalten.

Welche Krankheiten können mit Qi Gong behandelt werden ?

In der chinesischen Tradition wird jede Krankheit als Ungleichgewicht zwischen Yin und Yang angesehen. Wir fallen aus der Ausgewogenheit, aus unserer Mitte.
So entstehen die bereits erwähnten Blockaden.
Sie können Krankheiten wie Allergien, Arthritis, Poliarthritis, bronchiales Asthma, Bluthochdruck, Bronchitis, Periphere Durchblutungsstörungen, Erkältungen, Harnblasenentzündungen, Erkrankungen der Herzkranzgefäße, Hörstörungen wie Tinitus (das berüchtigte Ohrensausen), Ischiasbeschwerden, Beschwerden des Wechsels, Kopfschmerzen bzw. Migräne, Kreislaufbeschwerden, nervöse Magenbeschwerden wie Gastritis, Menstruationsbeschwerden, Nierenstörungen, Schlafstörungen, Schulter- und Armbeschwerden, Tennisarm, Verdauungsstörungen, Fehlhaltungen der Wirbelsäule und auch Zuckerkrankheiten auslösen. Laut chinesischer Quellen können diese Krankheiten mit Qi Gong-Übungen „behandelt" werden.

Generell wird die Durchblutung gefördert. Sei es, daß das Blut leichter durch den Nacken in den Kopfraum fließen kann und so das Gehirn mit mehr Sauerstoff versorgen kann.
Sei es auch die Beinhaut, die Haut, die unsere Knochen umhüllt. Die Verbesserung der Durchblutung der Beinhaut hilft auch bei der Vorbeugung der Osteoporose.

Sind Sie bereits erkrankt, wird Ihnen der Weg zum Arzt nicht erspart werden. Er kann die akuten Symptome beheben. Besprechen Sie mit ihm auch den zusätzlichen Einsatz von Qi Gong als Therapie.

Haben Sie das Glück, noch keine Beschwerden zu verspüren, können Sie aber bereits in der Vorsorge Qi Gong einsetzen. Sie erhalten sich so Ihre Gesundheit und unterstützen Ihr „Selbst-bewußt-sein".
Sie werden sich leichter zentrieren also konzentrieren können - im Berufsleben sicherlich ein unüberbietbarer Vorteil.

Wie reagiert der Körper auf Qi Gong - Übungen ?

Wie bei jeder Bewegungstherapie werden verschiedene Muskeln, die während des Tagesablaufes kaum bewegt werden, aktiviert.
Eine ganz normale Reaktion darauf ist der „Muskelkater", die schmerzhafte Ablagerung von Milchsäurekristallen in den Muskeln. Diese Kristalle lösen sich nach einigen Tagen selbständig wieder auf. Sie können aber schneller durch anhaltendes Training „zerstört" werden.
Je öfter man übt, desto geringer wird diese Reaktion auftreten.

Chinesen kennen aber „Die acht Besonderheiten“. Das sind Reaktionen, die bei anderen Bewegungstherapien nicht auftreten.
Es sind dies Empfindungen, die in anderen Bewegungstherapien nicht vorkommen.

Solche Empfindungen sind:

• ein leichtes Kribbeln in der Haut
• ein leichtes Schweregefühl im Rücken
• Druck in den Schultern oder eine eingeschlafene Schulter
• der Körper fühlt sich kalt an
• oder im Gegenteil: ein Wärmegefühl durchflutet den Körper
• der Körper fühlt sich müde und lustlos
• der Körper fühlt sich schlapp und weich an
• man hat ein unbeschreibbares Gefühl, man hat ein unnatürliches Gefühl, als ob man gleichzeitig in seinem Körper und außerhalb stünde.

Sollten sich diese Phänomene einstellen, ist dies kein Grund, mit dem Üben aufzuhören. Für den Neuanfänger ist dies ein Zeichen der Bewußt-Werdung.

Muß ich mich auf die Qi Gong-Übungen vorbereiten ?

Da in der chinesischen Tradition Körper, Seele und Geist untrennbar miteinander verbunden sind, ist es notwendig, sich auf die Übungen einzustimmen, um von ihnen profitieren zu können.
Sie sollten also nicht aus dem Alltagsstreß nahtlos in die Qi Gong-Übungen übergehen.

Sie würden in solch einem Fall merken, daß sich der Körper anders bewegen möchte; Sie sich nicht oder nur sehr schwer auf die einzelnen Übungen konzentrieren können.

Ein Tip:
Spielen Sie ein rhytmisches Lied. Tanzen Sie im Rhytmus. Lassen Sie den Körper bewegen wie er es möchte. Es ist nicht wichtig, daß Sie perfekte Tanzschritte ausführen. Einfach nur bewegen.
Anfangs werden Sie vielleicht etwas gehemmt sein, sich albern vorkommen. Lassen Sie sich in die Bewegung hineinfallen.
Sie werden merken, daß einiges vom Tagesballast abfällt.
Nach dem Lied lassen Sie den Körper ausbewegen. Lassen Sie die Bewegung ausklingen.
Danach stellen Sie sich locker hin und atmen tief ein. Gleichzeitig heben Sie die Schultern, so hoch Sie können.
Mit einem tiefen Seufzer atmen Sie aus und drücken die verbleibende Luft mit dem Senken der Schultern aus dem Körper.
Wiederholen Sie diese Übung ein paar mal. Achten Sie darauf, daß Sie wirklich tief

Seufzen. Laut - hhhuu.
Probieren Sie es - es erleichtert ungemein. Außerdem kommt man so richtig schön auf die Erde zurück.

Der mentale Weg des Qi Gong:

Die wichtigsten Begriffe:
Innere Ruhe - sie ist Voraussetzung für das Üben. Achten Sie daher auf Ihren Zustand, wenn Sie zu üben beginnen wollen. Befinden Sie sich in einer extrem stressigen Situation, versuchen Sie Abstand zu gewinnen. Entweder durch die oben angeführte „Tanz"-Übung oder durch einige bewußte Atemzüge. Sie können natürlich auch jede andere Technik verwenden, um sich zu beruhigen.

Mit dieser inneren Ruhe geht die Bereitschaft zur Ausführung der Übungen Hand in Hand.
Ohne diese Bereitschaft werden die Übungen zur Qual. Verzichten Sie lieber einmal auf die gewohnten Übungen als sie mit Unwillen durchzuführen. Sie werden keinen Nutzen daraus ziehen können.

Haben Sie die innere Ruhe erlangt und es besteht die Bereitschaft zur Ausführung, werden Ihnen die Übungen Entspannung bringen.
Diese Entspannung bedeutet nach der chinesischen Tradition, daß mit geringem Aufwand eine bestimmte innere Haltung eingenommen werden kann.
Diese Haltung umfaßt die Beschäftigung mit sich selbst. Ein aufmerksames Beobachten seiner Selbst, um bewußt wahrzunehmen, was mit einem während und nach den Übungen passiert.
Es kann dabei das Gefühl auftauchen, gleichzeitig in seinem Körper zu sein und als Beobachter neben sich zu stehen.
Diese innere Haltung kann mit der entsprechenden Übung während des gesamten Tages aufrecht erhalten werden. So kann man sich selber schneller korrigieren und aus Streßsituationen herausholen.
Achten Sie dabei nur, daß Sie sich nicht zu sehr auf dieses „Check-Programm" konzentrieren. Es hat sonst den gegenteiligen Effekt und hindert Sie mehr als es nützt.

Den Alltagsstreß und die damit verbundene Spannung in der Muskulatur müssen wir loslassen.
Dieses Loslassen ist die angenehme Arbeit des Qi Gong. Es macht Spaß, mit der inneren Entspannung auch den Alltag loszulassen und so den Körper zu entspannen.

Aus dieser körperlichen und geistigen Entspannung entsteht Gelassenheit.
Die Gelassenheit bringt Wohlbefinden mit sich. Bin ich geistig und körperlich entspannt, fühle ich mich leicht und „in meiner Haut" wohl.

Bin ich im Zustand der Gelassenheit, bin ich in meiner Mitte zentriert.
Sie werden bei den Übungen immer wieder den Hinweis finden, mit der

Aufmerksamkeit in Ihrer Mitte zu sein.
Wo ist Ihre Mitte ?

Unser Körperschwerpunkt befindet sich zwei fingerbreit unter dem Nabel. Dort finden wir unser Energiezentrum - auch Hara genannt. Dorthin wandern wir mit unserer Aufmerksamkeit. Sie können sie verstärken, indem Sie ganz bewußt ins Hara atmen und die Hände auf Ihren Nabelbereich legen. Damen legen die linke Hand über die rechte. Herren die rechte über die linke Hand.

Achten Sie darauf, daß Sie angenehm stehen. Sollte dies nicht der Fall sein, schütteln Sie die Beine aus und suchen Sie die für Sie angenehmste Stellung. Ist die Stellung nicht angenehm, so können Sie sich nicht mehr richtig konzentrieren. Es ist wie beim Meditieren - der Lotossitz wird uns Westmenschen mehr Schwierigkeiten verursachen als ein angenehmes Gefühl. Es wird mit der Zeit unmöglich, ruhig zu sitzen.

Es ist wichtig, die Wirbelsäule aufrecht zu halten. Richten Sie sich auf. Auch mental werden sich die Auswirkungen zeigen - wir werden größer und stärker, selbstbewußt. Körperlich bedeutet die Aufrichtung mehr Bewegungsfreiheit für Becken- und Schultergürtel. Wir können uns vollständig entfalten.
Vergleichen Sie sich selbst mit einer Blütenknospe - öffnen Sie sich. Erblühen Sie zur vollen Pracht.

Viele Übungen werden aufgeführt, ohne das Gewicht zu verlagern. Andere wiederum fordern eine Gewichtsverlagerung. Es ist wichtig, solche Verlagerungen auch mental durchzuführen. Ein Schritt muß bewußt gesetzt werden. Danach wird er verankert bzw. gefestigt.
Diese Verankern ist vor allem auch für Übungen wichtig, in denen ein Fuß vom Erdboden gehoben wird.
Wir werden eins mit dem Universum, das uns umgibt. Wir sind fest verankert im Boden und haben den Kopf erhoben. Die Wirbelsäule ist aufgerichtet und kann ihre Aufgabe erfüllen.
Sie ist die Verbindung zwischen Himmel und Erde. Diese Verbindungslinie stützt und trägt uns.
Das bewußte Setzen und Festigen eines Schrittes bringt uns innere Stabilität.
Machen Sie folgenden Versuch:
Stellen Sie sich locker hin. Dann heben Sie einen Fuß und schließen Sie die Augen. Sie werden relativ schnell aus dem Gleichgewicht kommen.
Versuchen Sie es nochmals. Nur diesmal gehen Sie mit ihrer Aufmerksamkeit in das Standbein. Verankern Sie es bewußt in der Erde. Sie können sich ein Bild erstellen - Sie stehen fest verwurzelt wie ein Baum.
Heben Sie nun wieder den anderen Fuß und schließen die Augen.
Haben Sie sich wirklich fest verankert, werden Sie Ihr Gleichgewicht nicht so schnell verlieren.

Die Übung des Verankerns können Sie jeden Tag am Morgen als Meditation vor

dem Weggehen durchführen. Man läßt dabei aus den Fußsohlen Wurzeln wachsen, die uns fest im Erdreich halten. Gleichzeitig können wir uns die Kraft der Erde zu Nutze machen und auch das gesamte Wissen der Erde für unseren Bedarf öffnen. Sie brauchen sich nur mehr vorzustellen, daß über Ihre Wurzeln all die Kraft und das Wissen in Sie hoch steigt.
Am Abend ziehen Sie Ihre Wurzeln wieder zurück und bedanken sich bei Mutter Erde für ihre Hilfe. Sie werden merken, daß manches leichter geht.

Sind wir nun dermaßen verankert, erlangen wir eine innere Stabilität, Sicherheit und Aufrichtigkeit (auf-gerichtet-sein) .

Die innere Stabilität findet auch Ausdruck in einem stabilen Stand. Mit dem stabilen Stand „bekommen wir beide Beine auf den Boden".
Manche Menschen scheinen immer in höheren Sphären, im siebten Himmel oder anders wo zu sein. Sie haben keinen Bodenkontakt, obwohl die körperliche Ausprägung (die Beine) den Erdboden berühren.
Hier schließt sich wieder der Kreis - ich muß mit beiden Beinen auf der Erde stehen, verwurzelt sein, um innere und äußere Stabilität zu erreichen. Sie gibt mir die Kraft für die Ansprüche des Lebens. Wir sind meist mit vielen Problemen, Eindrücken usw. konfrontiert und bewegen uns fast ausschließlich im geistigen Bereich. Wir müssen wieder lernen, dem Erdelement zu vertrauen - vertrauen, daß wir getragen werden und geschützt sind.
Stellt sich dieses Vertrauen ein, können wir uns im Fluß des Lebens viel müheloser bewegen.

Qi Gong hat auch mit Koordination zu tun.
Auf der körperlichen Ebene werden Arme, Beine und Rumpf koordiniert. Auf mentaler Ebene wird die Koordination zwischen Körper und geistiger Führung wieder hergestellt.

Wir bemerken unseren Körper wieder bewußt und lernen ihn anzunehmen. Mit all den Schwächen und Stärken. Wir spüren unsere Grenzen. Lernen Sie diese zu akzeptieren und sie langsam hinauszuschieben. Die Beweglichkeit der Gelenke wird immer besser. Gleichzeitig läßt sich auch unser geistiger Horizont weiter hinausschieben.

Bereits in der Bibel wird gesagt: Liebe Deinen Nächsten wie Dich selbst.
Dazu muß ich mich selbst erst annehmen und lieben. Es hat nichts mit jener Selbstliebe zu tun, die uns arrogant und überheblich werden läßt.
Es ist jene Eigenliebe, die uns stolz auf uns selbst sein läßt.
Stolz auf unseren Körper, stolz auf unser Wissen, stolz auf unsere Fähigkeiten.
Erst dann kann ich neidlos andere annehmen und lieben.

Mit dieser Eigenliebe ist auch eine große Portion Verantwortung verbunden. Verantwortung dem eigenen Körper gegenüber. Zu hören, was der Körper braucht und möchte. Es ist damit nicht gesagt, daß ich nur mehr Vollkornkost zu mir neh-

men muß. Wenn ich Lust auf Schokolade habe, warum nicht? Mit Genuß, um den Gusto zu stillen, wird ein Stückchen reichen. Es muß dann keine ganze Tafel mehr sein.
Vielleicht ist eines der nächsten Zeichen, daß Sie Ihre Speisen nicht mehr so stark würzen wollen ? Oder halten Sie es jetzt sogar durch, nicht mehr zu rauchen ?
Oder äußert sich die Eigenverantwortung, indem Sie mehr Pausen machen und manche Arbeit beiseite legen ?
Lassen Sie diese Veränderungen geschehen.
Eigenverantwortung wird aber auch in mentaler Hinsicht bewußt :
Sie sind für die Situation, in der Sie sich jetzt befinden, selbst verantwortlich. Ich höre jetzt schon manche Einwände: Eigentlich kann ich nichts dafür, daß es mir momentan nicht so gut geht, weil,...
Vergessen Sie das „eigentlich“. Machen Sie Schluß damit.
Eigentlich wollte ich ja schon dreimal mit dem Rauchen aufhören! Eigentlich wollte ich Pause machen ! Eigentlich ...
Und was wollten Sie uneigentlich?
Man kann nur wollen - oder nicht.

Die nächste Phrase :
Ich kann nicht, weil ...
Erkennen Sie Ihre eigene Verantwortung. Sie haben immer die Wahlmöglichkeit, auch wenn Sie sie vielleicht im Augenblick nicht ausmachen können.
Nicht können, heißt nicht wollen.
Das beginnt beim Kind, das bestimmte Handgriffe nicht „kann“. Ist die beste Methode, etwas nicht tun zu müssen.
„Ich kann den ungeliebten Job nicht kündigen“ - das Sicherheitsdenken hindert uns, den entscheidenden Schritt zu tun. Mit der nötigen Sicherheit findet sich relativ schnell eine andere Beschäftigung.
Mit zunehmender Selbstverantwortung werden Sie merken, daß sich immer wieder neue Tore öffnen. Ihr Bekanntenkreis wird sich ändern. Sie werden manche Dinge sehr bewußt wahrnehmen und auf manches viel sensibler als früher reagieren.
Sie werden in Einklang mit sich selbst und der Umwelt kommen und dadurch ganz wundervolle Dinge erleben.
Wertigkeiten werden sich verschieben - was heute vielleicht noch großen Stellenwert hatte, ist morgen nicht mehr von so großer Wichtigkeit. Sie werden zum Beispiel ein gutes Gespräch mit einem lieben Menschen der Hetzjagd nach dem Geld vorziehen. Und lustiger Weise werden Sie trotzdem Geld besitzen.
Es wird wichtiger sein, mit dem Partner oder dem Kind etwas zu unternehmen als vor der Flimmerkiste zu sitzen.
Die Beispiele lassen sich unendlich weiter fortsetzen.

Zu dieser Verantwortung zählt auch der bewußte Umgang mit Gedanken.
„Gedanken“ sind mächtig. Sie werden erst erkennen, wie mächtig Gedanken sind. Sie sind reine Energie - nicht sichtbar, aber um so effektiver.
Sind Sie heute mit dem linken Fuß aufgestanden - Sie sehen nur Leute, die mürrisch dreinschauen? Wieder hat Sie jemand mit dem Auto geschnitten und Ihnen

auch noch den Vogel gezeigt? Ja natürlich, der Stau muß gerade jetzt sein? Müssen diese Idioten alle jetzt in diesem Augenblick unterwegs sein?
Kennen Sie dieses Gefühl?
Sind Sie gut gelaunt aufgestanden, sehen Sie plötzlich nur fröhliche Menschen. Der Kavalier überläßt Ihnen den Parkplatz. Heute kommen Sie zügig voran.

Wie Sie denken, so ist Ihre Welt! Denken Sie positiv und formen Sie eine fröhliche, schöne Welt.
Sie werden genau die Leute anziehen, die Sie gerade jetzt unterstützen können, die Ihnen weiterhelfen.
Es ist einige Übung notwendig, aber es funktioniert.
Qi Gong ist ein Hilfsmittel, in diesen Bewußtwerdungsprozeß einzusteigen und ihn zu unterstützen.

Cho-hwei (die richtige Einstellung)

Wer weiß, redet nicht,
Wer redet, weiß nicht.
Lao-tzu

Es folgt nun der Übungsteil.
Doch vorher eine kurze Information dazu.

Ablauf einer Übungssequenz:

Zunächst führen Sie die entspannende „Tanzübung“ durch.
Danach stellen Sie sich in die Grundstellung. Wippen Sie ruhig ein paar mal auf und ab, um den in diesem Augenblick richtigen Stand zu finden.
Sie werden merken, daß es nicht immer dieselbe Höhe sein muß. Manchmal ist es angenehmer, eher tiefer zu stehen (die Knie mehr gebeugt zu haben). Manchmal steht man höher.
Atmen Sie ein paar mal kräftig und bewußt ein und aus.

Sie finden im Übungsteil die Aufwärmübung „Langlebigkeitsübung“. Es ist dies eine Meridian - Selbstmassage.
Sie hilft Ihnen zur Ruhe zu kommen und sich aufzuwärmen bzw. zu aktivieren.

Danach gehen Sie wieder in die Grundstellung.

Jede Übung ist wie folgt beschrieben.
Die Übung wird in der Grundstellung begonnen. Es gibt daneben eine Ausgangsstellung.
Sie ist jene Stellung, aus der die Übung immer wiederholt wird.
Das kann zum Beispiel eine Übung sein, bei der die Ausgangsstellung von einem gebeugten Rücken ausgeht.
Nach Ende der Übung gehen wir wieder zurück in die Grundstellung und sind somit bereit, die nächste Übung durchzuführen.

Die Übungen werden immer schrittweise erklärt. Sie können die Schritte auch an Hand der Fotos nachvollziehen.
Sie finden die Fotos in farbigen Kreisen mit entsprechender Nummerierung.

Die Farben wurden auch in den Bewegungsbildern beibehalten.

Sie können sich so leichter orientieren.

Nach der letzten Übung führen Sie noch die Abschlußübung durch. Danach wäre es ratsam, die angeführte Meditation durchzuführen.
Die Bewegung und die Auswirkung auf den Körper läßt sich so verstärken. Die Bewegung kann sich „setzen“, verankern.

Die Beschreibung der Übung beinhaltet die Verbindung mit der richtigen Atmung. Wenn Sie zu Üben beginnen, konzentrieren Sie sich zunächst auf den Bewegungsablauf. Achten Sie nur darauf weiter zu atmen.
Erst, wenn Sie den Bewegungsablauf beherrschen, machen Sie den nächsten Schritt. Beziehen Sie die Atmung mit ein.

Es wurde auch angeführt, bei welchen Indikationen diese Übungen verwendet werden und wo sie zur Unterstützung von Beschwerden eingesetzt werden.
Sie können bei akuten Problemen die Übungen gezielt zusammenstellen.

Achten Sie darauf, es nicht so weit kommen zu lassen. Verwenden Sie Qi Gong-Übungen immer zur Vorbeugung. Man muß nicht erst krank sein, um zu üben.

Beginnen Sie langsam zu üben. Sie müssen nicht sofort alle Übungen durchführen. Hören Sie auf Ihren Körper. Er wird Ihnen sagen, was Sie brauchen und welches Maß Ihnen gut tut.
Je öfter Sie üben, desto leichter wird Ihnen auch die ungewohnte Stellung fallen. Zunächst wird sie eher Muskelkater als Wohlbefinden hervorrufen, doch das legt sich bald.

Haben Sie vor allem Geduld mit sich selbst. Es ist nicht wichtig, ehrgeizig zu sein. Es ist viel wichtiger, daß Sie sich in die Übungen, die sanften Bewegungen hineinfallen lassen.

Sie werden erstaunt sein, wie leicht und angenehm dann eine Übungseinheit wird.

Übungsteil

Am Ende der Nacht der Zeit kehren alle Dinge zu meiner Natur zurück;
und wenn der neue Tag der Zeit beginnt, bringe ich sie wieder ans Licht.

So bringe ich durch meine Natur alle Schöpfung hervor,
und diese rollt umher in den Kreisen der Zeit.

Doch ich bin nicht von diesem großen Schöpfungswerk gebunden.

Ich bin, und ich betrachte das Drama des Werkes.

Ich betrachte, und in ihrem Schöpfungswerk bringt die Natur alles hervor,
was sich bewegt und was sich nicht bewegt:
Und so gehen die Kreisläufe der Welt rundherum.

Beschreibung des rhytmischen
Spiels der Schöpfung durch Krishna in der Bhagavad-Gita

In einem Sandkorn sieh die Welt,
den Himmel im Blütengrunde,
Unendlichkeit in deiner Hand
und Ewigkeit in der Stunde.

William Blake

Haben Sie den Alltagstrott abgestellt? Die Sorgen abgeschüttelt? Die aufgestauten Aggressionen ausgetanzt?

Dann können wir beginnen, uns auf die Qi Gong-Übungen einzustimmen.

Wir tun dies mit einer
Meridian-Aufwärmmassage

Dazu stellen wir uns locker in die Ausgangsstellung. Die Knie sind locker und durchlässig. Die Schultern hängen locker. Der Kopf wird durch den goldenen Faden hochgezogen.

Wir schütteln Arme und Hände aus. Reiben die Handflächen aneinander.

Wir legen nun die rechte Hand auf den Bauch. Die linke Hand auf die Stirn. Beide Hände reiben 36 mal hin und her.
Danach führen wir sie wieder in die Grundstellung. Wir spüren in Bauch und Stirn die Bewegung, die gerade durchgeführt wurde und stellen uns vor, wie die Reibung die Haut durchdringt und tiefer in uns eindringt.

Wir schütteln Arme und Hände und reiben anschließend die Hände wieder aneinander.

Mit den Mittelfingern reiben wir entlang der Mundfalte. Vom inneren Augenwinkel entlang der Nase hinunter zum Mund. Sanft, aber doch bestimmt.
Von oben nach unten und wieder retour.

Wir wiederholen die Übung 36 mal.
Danach lassen wir die Reibung wieder durch die Haut in unseren Körper eindringen.

Danach schütteln und reiben wir wieder die Hände.

Der Mittelfinger umkreist nun die Augen am Rand der Augenhöhlen. Wieder mit sanftem Druck ausführen.
18 mal wiederholen. Danach Drehrichtung ändern und wieder 18 mal wiederholen.
Wie gehabt: die Reibung durch die Haut in den Körper eindringen lassen.
Hände ausschütteln und reiben.

Die rechte Hand legen wir auf den Bauch. Mit der linken Handinnenkante reiben wir zwischen Nase und Oberlippe hin und her. Es sieht aus, wie bei der Zeichentrickfigur Wicki. Bei uns werden nur keine Funken sprühen!
Die Bewegung wieder 36 mal wiederholen und durch die Haut in unseren Körper einsickern lassen.

Hände ausschütteln und reiben.

Rechte Hand wieder auf den Bauch. Mit dem linken Handrücken reiben wir unter dem Kinn hin und her. Auch wieder mit sanftem Druck.
Dabei bleibt die Kinnpartie locker und entkrampft.
Auch diese Übung 36 mal wiederholen. Die Reibung sickert durch die Haut in unseren Körper.

Hände ausschütteln und reiben.

Mit beiden Händen an Schläfen und Wangen auf und ab reiben. Lassen Sie die Kieferknochen locker hängen. Die Gesichtshaut wird sanft verschoben.
36 mal wiederholen und in den Körper aufnehmen.

Hände ausschütteln und reiben.

Mit beiden Händen die Ohren reiben. Die Handflächen decken die Ohren zu. Auch hier genügt sanfter Druck. Es ist nicht wichtig, daß Sie nach dieser Übung mit glühenden Ohren dastehen.
36 mal wiederholen und in den Körper einsickern lassen.

Hände ausschütteln und reiben.

Wir nehmen unser Ohrläppchen zwischen Daumen und Zeigefinger. Das Gewicht der Arme zieht leicht nach unten.
Wir ziehen langsam bis 36 zählend.
Danach lassen wir die Ohrläppchen wieder los. Dem Zug nachspüren und das Gefühl einsickern lassen.

Hände ausschütteln und reiben.

Mit den Daumen reiben wir den Okzipitalknochen. Das ist jener Knochen, den wir als „Endknochen“ an unserem Hinterhaupt spüren. Die Finger zeigen dabei nach oben.
Auch diese Übung wiederholen wir 36 mal und nehmen sie bewußt in den Körper auf.

Hände ausschütteln und reiben.

Nun wollen wir die „Himmlische Trommel“ hören. Wir legen dafür die Hände mit den Handflächen auf beide Ohren. Die Finger zeigen nach hinten, der Daumen nach unten.
Nun schnippen wir mit dem Zeigefinger über den Mittelfinger. Das heißt, wir legen den

Zeigefinger auf den Mittelfinger und lassen ihn auf den Okzipitalknochen gleiten. Durch diese Bewegung entsteht in unserem Kopf das Gefühl bzw. das Geräusch der „Himmlischen Trommel".
Wir lassen die „Himmlische Trommel" 36 mal ertönen und bis zu den Knochen durchsikkern.

Hände schütteln und reiben.

Mit den Fingerkuppen reiben wir nun an unserem Steißbein auf und ab.
36 mal mit sanftem Druck. Die Reibung wieder bewußt aufnehmen.

Hände schütteln und reiben.

Jetzt verwenden wir wieder die Handflächen. Mit ihnen reiben wir unsere Nierengegend. In sanften kreisenden Bewegungen - 36 mal. Die Reibung sinkt bis zu den Nieren.

Hände schütteln und reiben.

Die Handflächen vor dem Bauch übereinanderlegen.
(Damen linke Hand oben, Herren rechte Hand oben.) Mit den übereinandergelegten Handflächen reiben wir den Bauch in einer Seitwärtsbewegung. Die Hüften führen eine gegengleiche Bewegung durch.
36 mal wiederholen und sowohl die Reibung als auch die Gegenbewegung bewußt einsinken lassen.

Hände schütteln und reiben.

Beide Hände auf einen Oberschenkel legen. Die Beine entlang vorne hinunterstreichen. Dabei ausatmen. Dann die Beine hinten hochstreichen bis zur Hüfte. Beim Hochstreichen einatmen.
sechs mal für jedes Bein wiederholen.
Der Bewegung bewußt nachspüren.

Hände schütteln und reiben.

Wir setzen uns.
Nehmen unseren linken Fuß mit der linken Hand, sodaß wir die Fußfläche sehen können. Unter dem Fußballen, nahe der Mitte finden wir eine kleine Erhebung. Es ist dies der Punkt der „sprudelnden Quelle". Diesen massieren wir mit der Fingerkuppe des rechten Zeigefingers. Sanft, aber doch kräftig. Wieder 36 mal für jeden Fuß.
Wir spüren wieder der Bewegung nach und merken, wie sie sich weiterpflanzt.

Hände schütteln und reiben.

Wir nehmen den linken Fuß mit der linken Hand. Mit den Knöcheln der rechten Hand reiben wir über die Fußsohlen.

Auch hier für jede Seite 36 Wiederholungen und das Nachspüren, wie sich die Bewegung weiterpflanzt.

Hände schütteln und reiben.

Wieder nimmt die linke Hand den linken Fuß. Mit der rechten Hand klopfen wir die Fußsohle leicht ab. 36 mal für jede Seite wiederholen. Wieder spüren wir der Bewegung nach.

Hände schütteln und reiben.

Nun haben wir unseren Körper und die Meridiane „aufgeweckt".
Diese Übung können Sie auch morgens nach dem Aufstehen machen, um so für den Tag in Schuß zu kommen.

In China wurde diese Form der Selbstmassage als „Langlebigkeitsübung" bezeichnet. Man schätzte sie sehr.
Die 36 Wiederholung ergeben sich aus der Bedeutung der Zahl selbst.
36 ist eine starke Yang-Zahl. Daher wird mit dem 36 maligen Wiederholen eine stark anregende Wirkung erzielt.
24 ist eine starke Yin-Zahl. Mit 24 Wiederholungen leiten wir ab und besänftigen.

Das Händeschütteln hat den Sinn, Spannungen und schlechtes Chi abzuschütteln. Mit dem Reiben der Handflächen werden die Handflächen wieder neu geladen.

Nach dieser Übungsabfolge begeben Sie sich in die Grundstellung und beginnen mit den Qi Gong-Übungen.

Hier noch einige Übungen, die der Selbstmassage zugeordnet werden.
Sie können sich ein kleines Anti-Streßprogramm für den Tag daraus zusammenstellen.
Den Mittelfinger auf das Oberlid, den Ringfinger auf das Unterlid des Auges legen. Die Augen sind geschlossen. Die Finger reiben 24 mal in kreisenden Bewegungen das Auge. Nicht vergessen, die Richtung zu wechseln.
Diese Übung hilft bei übermüdeten Augen, stärkt die Sehkraft und hilft bei trockenen Augen, wenn zu wenig Tränenflüssigkeit produziert wird.
Diese Übung erinnert an das morgendliche Augenribbeln.

Eine andere Übung:
Wir schließen Augen und Mund. Dann beissen wir 36 mal kräftig und laut zusammen. Diese Übung stärkt Zähne und Kiefer. Sie hilft auch bei Verspannungen im Kiefer, Gesicht und Halsbereich.

Sie können auch diese Übung machen:
Ein Zeigefinger liegt auf der Oberlippe. Der andere auf der Unterlippe. Jetzt reiben wir 24 mal kräftig hin und her.
Dasselbe mit gewechselten Zeigefingern.
Die Übung kräftigt das Zahnfleisch. Durch das Reiben werden noch einige Akupunktur-

punkte aktiviert. Sie beleben den „kleinen himmlischen Kreislauf", der vom Mund abwärts zum Hara, über das Wurzelchakra zum Tor des Lebens, weiter zum Scheitelchakra wieder bis zum Mund führt.

Wir bilden mit Zeigefinger und Mittelfinger eine Zange. Diese Zange liegt so in Ohrennähe, daß der Mittelfinger vor dem Ohr und der Zeigefinger hinter dem Ohr liegt. So reiben wir 24 mal auf und ab. Danach „ziehen wir die Ohren lang". Wir kneten und ziehen sie nach außen, als wollten wir sie vergrößern. Wir beginnen dabei oben. 9 mal wird wiederholt.
Die Übung erhöht das Kurzzeitgedächtnis und stärkt den Gleichgewichtssinn.

Bei Schnupfen oder bereits als Vorbeugung ist folgende Übung zu empfehlen:
Die Hände aneinander reiben, bis sie warm sind.
Die Handballen neben der Nase auf- und abreiben.
Die Bewegung ist kürzer als in der bereits vorgestellten Übung.
Sie wird 24 mal wiederholt.

Speziell für Damen, die fürchten, Falten zu bekommen:
Die Hände warm reiben. Mit den Handinnenflächen das Gesicht von der Stirne über Augen und Nasenflügel nach unten zum Kinn und entlang des Kiefers sanft reiben. Die Bewegung erinnert an das Waschen des Gesichts. 24 mal wiederholen.
Diese Massage fördert die Durchblutung und entspannt die Gesichtsmuskulatur.
Mit entspannter Gesichtsmuskulatur können Sie auch wieder lächeln und das macht Sie doch gleich viel hübscher.

Grundstellung

Die Beine sind geschlossen.

Mit dem linken Fuß machen wir einen Schritt nach links. Es ist dies der Schritt in die Ruhe.

Die beiden Füße sind nun schulterbreit voneinander entfernt. Das Gewicht wird zu gleichen Teilen auf beide Füße verteilt.
Dabei ruht zu zwei Drittel auf dem Vorderfuß.
Versuchen Sie die Zehen zu bewegen - das Gewicht liegt auf dem Fußballen. Die Ferse wird leicht nach außen gedrückt.

Die Knie werden leicht gebeugt. Wippen Sie ruhig ein paar mal auf und ab. Suchen Sie so die Position, die Ihnen am angenehmsten ist.
Die Knie werden nicht nur gebeugt, sondern auch leicht nach außen gedrückt.

Wir können uns vorstellen, auf einem Pferd zu sitzen. Es mag zwar aussehen, als ob wir O-Beine hätten. Sie werden aber mit etwas Übung merken, wie angenehm und entspannend diese Stellung ist.

Unsere Wirbelsäule ist gerade aufgerichtet.
Stellen Sie sich vor, daß ihre eigene Wirbelsäule von der himmlischen Säule gestützt wird.
Die himmlische Säule stellt die Verbindung zwischen Himmel und Erde dar.
Sie beginnt in der Erde. Tritt über unser Wurzelchakra in unseren Körper ein. Umschließt unsere Wirbelsäule und tritt an unserem Scheitelchakra wieder aus dem Körper aus.

Der Kopf wird gerade gehalten. Stellen Sie sich einfach vor, wie ein goldener Faden an Ihrem Scheitelchakra den Kopf hoch zieht.
Achten Sie auch während der Übungen immer wieder auf die entspannte Haltung Ihres Kopfes.
Der goldene Faden unterstützt vor allem die Nackenmuskulatur. Sie wird dadurch entspannt und locker, der Kopf ruht in seiner Mitte.

Die Gesäßmuskulatur wird leicht angespannt. Energetisch wird das Erdentor geschlossen. Es ist der Bereich, in dem Yin- und Yangenergien in Beziehung zueinander treten.

Das Kreuz wird entspannt. Um diese Entspannung zu erreichen, müssen wir die Rippen entspannen. Am einfachsten ist dies möglich, wenn Sie die Brustwirbelsäule etwas nach vorne drücken und tief einatmen. Damit weitet sich der Rippenraum. Gleichzeitig entspannt sich auch die Brustmuskulatur.

Dann entspannen wir die Taille. Wir ziehen die Schultern hoch und atmen tief ein. Danach lassen wir die Schultern mit einem tiefen Seufzer fallen.

Mit dem Ausatmen lassen wir alle Sorgen und alles was uns belastet, fallen. Das „schlechte" Chi wird gegen neues ausgetauscht.

Der Rücken bleibt aufrecht. Die Schultern hängen locker etwas nach vorne. Dadurch wird die Nackenmuskulatur entspannt. Die Arme hängen locker neben dem Körper.
Wir können uns vorstellen, daß wir ein rohes Ei unter unseren Achseln tragen - es darf weder zerdrückt werden, noch darf es hinunterfallen.
Die Ellbogen sind leicht gebeugt, sodaß die Hände ungezwungen und locker in die Mitte des Körpers zeigen.
In dieser Stellung ist der natürliche Chi-Fluß frei und ungehindert.

Die Handgelenke sind ebenfalls entspannt. Die Handflächen zeigen vom Körper weg.

Die Chinesen zeichnen folgendes Bild der Entspannung von Armen und Händen:
Ein Adler kann sich vom Handrücken nicht abstoßen, um fliegen zu können.

Das Kinn ziehen wir leicht an, wodurch auch hier der Chi-Fluß frei zirkulieren kann.

Die Lippen sind leicht geschlossen, die Kiefer liegen locker aufeinander.
Achten Sie darauf, daß Ihr Kiefergelenk ganz locker und entspannt wird. Sie müssen sich jetzt nichts mehr verbeissen oder zubeissen.
Es ist jetzt Ihre Zeit der Entspannung.
Falls es Ihnen nicht gleich gelingt, massieren Sie die Gegend der Gelenke ein wenig.

Die Zunge liegt auf dem Gaumen. Dieser Zungenschluß ist wichtig für den Chi-Fluß, da der Kreislauf geschlossen wird.
Der Zungenschluß wird auch Elsterbrücke genannt.

Sind Sie nun dermaßen entspannt und locker, beginnen Sie sich selbst ein wenig zuzulächeln.
Denken Sie liebevoll an sich und die Übungen. Es kommt eine genußvolle, ruhige Zeit auf Sie zu. Genießen Sie sie Übungen und die Bewußtheit, die Sie damit erlangen.
Auch wenn es Anfangs nicht ganz mit der Entspannung und dem Genuß klappen sollte, lassen Sie sich nicht entmutigen.

Sie werden merken, daß schon die Grundstellung Ihre gesamte Schädelbasis mit den vegetativen Hirnzentren entspannt.

Auch Ihr Blick wird weich. Sie sehen ohne wirklich zu sehen - es ist jetzt nicht mehr wichtig, was um Sie herum geschieht.

Jetzt stehen Sie im Mittelpunkt.

Mit der Grundstellung haben Sie eine wichtige Vorübung zum Qi Gong. Bereits mit ihr soll Aufmerksamkeit, Harmonie und Entspanntheit geübt werden.

Blick Dich um

Grundstellung:

Die Füße schulterbreit. Schultern hängen lassen, die Arme und Hände sind locker und werden von der Schwerkraft nach unten gezogen. Die Knie sind leicht gebeugt, offen und durchlässig.

• 1 Ausgangsstellung:

Wir stützen die Hände in die Hüften. Die Schultern hängen locker während der ganzen Übung.

• 2 und 3

Der Blick wandert langsam nach links. Der Kopf folgt dem Blick und führt eine Linksdrehung durch, bis wir über unsere Schulter schauen. Es ist wichtig, auch mit der Aufmerksamkeit im Halsbereich zu sein. Achten Sie auf die Geräusche, die entstehen - z.B. das Knacken der Wirbel. Akzeptieren Sie die Grenzen, die auftauchen - es ist nicht notwendig, den Kopf über den natürlich Widerstand hinaus zu drehen.

• 4 und 5

Wir bringen den Kopf wieder langsam in die Ausgangsposition. Der Blick wandert weiter auf die rechte Seite. Der Kopf folgt und führt eine Rechtsbewegung aus. Auch hier geht die Bewegung bis an die natürliche Grenze. Die Aufmerksamkeit bleibt im Nackenbereich.

• 6 und 7

Wir bringen den Kopf wieder in die Mitte. Langsam heben wir den Blick in den Himmel. Bei der Kopfbewegung achten Sie darauf, daß der Bereich um den Unterkiefer locker bleibt. Der Mund wird automatisch geöffnet, wenn wir den Kopf im Nacken überstrecken.
Nehmen Sie bewußt wahr, wie sich diese Bewegung von den Drehbewegungen unterscheidet.

• 8 und 9

Nach Erreichen des Grenzpunktes bringen wir den Kopf wieder in die Mitte.
Der Blick wandert nach unten zur Erde. Wir neigen den Kopf. Die Aufmerksamkeit ist noch weiterhin in Nacken.

Danach Kopf wieder in die Ausgangsstellung bringen und von Position 1 beginnen.
Diesen Bewegungsablauf viermal wiederholen. Nach der Übung mit der Aufmerksamkeit wieder in ihre Mitte gehen.
Wenn Sie die Bewegung mit der Atmung verbinden, dann ergibt sich folgender Rhythmus:
Drehen nach links - einatmen. Drehen zur Mitte - ausatmen.
Drehen nach links - einatmen. Drehen zur Mitte - ausatmen.
Strecken zum Himmel - einatmen. Beugen zur Mitte - ausatmen.
Neigen zur Erde - einatmen. Beugen zur Mitte - ausatmen.

Diese Übung lockert die Halspartie und macht sie beweglicher. Sie wird speziell bei Schulter- und Armproblemen verwendet. Schwindel, Augenleiden, Schwerhörigkeit und Nebenhöhlenerkrankungen werden durch eine Verbesserung der Durchblutung unterstützt.

1
2
3
4
5
6
7
8
9

Der Blick durchs Fenster

• 1
Grundstellung:
Die Schultern bleiben locker hängend während der ganzen Übung. Unsere Aufmerksamkeit ist in unserer Mitte.

• 2
Ausgangsstellung:
Die Arme langsam vor dem Körper hochheben. Die Aufmerksamkeit wandert mit den Armen hoch.

• 3
In Höhe des Kopfes Daumen und Zeigefinger auseinanderspreitzen. Wir bringen die Hände zueinander. Es entsteht so das Fenster, durch das wir mit voller Aufmerksamkeit blicken können.

• 4
Beide Arme zur Seite führen. Die Unterarme stehen dabei senkrecht zu den Oberarmen - eine U-form entsteht. Die Aufmerksamkeit ist in den Armen.
Wir ballen die Hände zu lockeren Fäusten. Es ist wichtig, daß die Fäuste auf gleicher Höhe gehalten werden. Konzentrieren Sie sich auf Ihre Fäuste.

• 5
Wir blicken in Richtung der linken Faust. Als wollten wir durch die Faust durchschauen. Die Aufmerksamkeit ist in der Faust, durch die wir blicken.

• 6
Den Kopf wieder in die Mitte drehen. Die Arme sinken in die Ausgangsstellung. Wir konzentrieren uns auf unsere Mitte.

Von der Ausgangsstellung die Schritte ab Position 2 seitenverkehrt, nach rechts durchführen.
Der Bewegungsablauf wird in beide Richtungen je viermal wiederholt.

Verbindung mit der richtigen Atmung:
Hochheben der Arme - einatmen.
Blick durchs Fenster - ausatmen.
Arme zur Seite und Fäuste bilden - einatmen.
Senken Arme - ausatmen.

Diese Übung ist wirksam bei Halswirbelbeschwerden, Versteifung des Halses und des Brustkorbes. Zur Unterstützung dient sie bei Nasen-, Ohren- und Augenleiden.

1
2
3
4
5
6

Mit beiden Beinen auf der Erde stehen und den Himmel berühren

Grundstellung:

• 1

Ausgangsstellung:

Die Arme seitlich hochheben und in eine U-förmige Haltung bringen. Die Hände werden zu lockeren Fäusten geballt. Die Brust wird vorgewölbt, der Bauch eingezogen. Die Schultern bleiben locker hängen.

Die Aufmerksamkeit richtet sich auf die Arme.

• 2

Wir blicken bewußt nach links durch die Hohlfaust.

• **3 und 4**

Beide Arme werden nach oben gestreckt. Dabei werden die Hände geöffnet.

Der Blick und die Aufmerksamkeit folgen dem linken Daumen.

Der Kopf wird im Nacken überstreckt.

Kopf und Arme kehren in die Ausgangsstellung zurück.

Die Bewegungsschritte ab Position 1 nach rechts wiederholen.

Den gesamten Bewegungsablauf viermal wiederholen.

Die richtige Atmung in Verbindung mit der Bewegung:

Heben der Arme - einatmen.

Blick durch die Hohlfaust - ausatmen.

Heben und Öffnen der Fäuste einatmen.

Senken ausatmen.

Die Übung wirkt bei Myalgien im Nacken und den Schultern.

Ebenso bei Bewegungseinschränkungen der Schulter- und Armgelenke. Unterstützend wirkt sie bei Schwindel, da wieder die Durchblutung gesteigert wird.

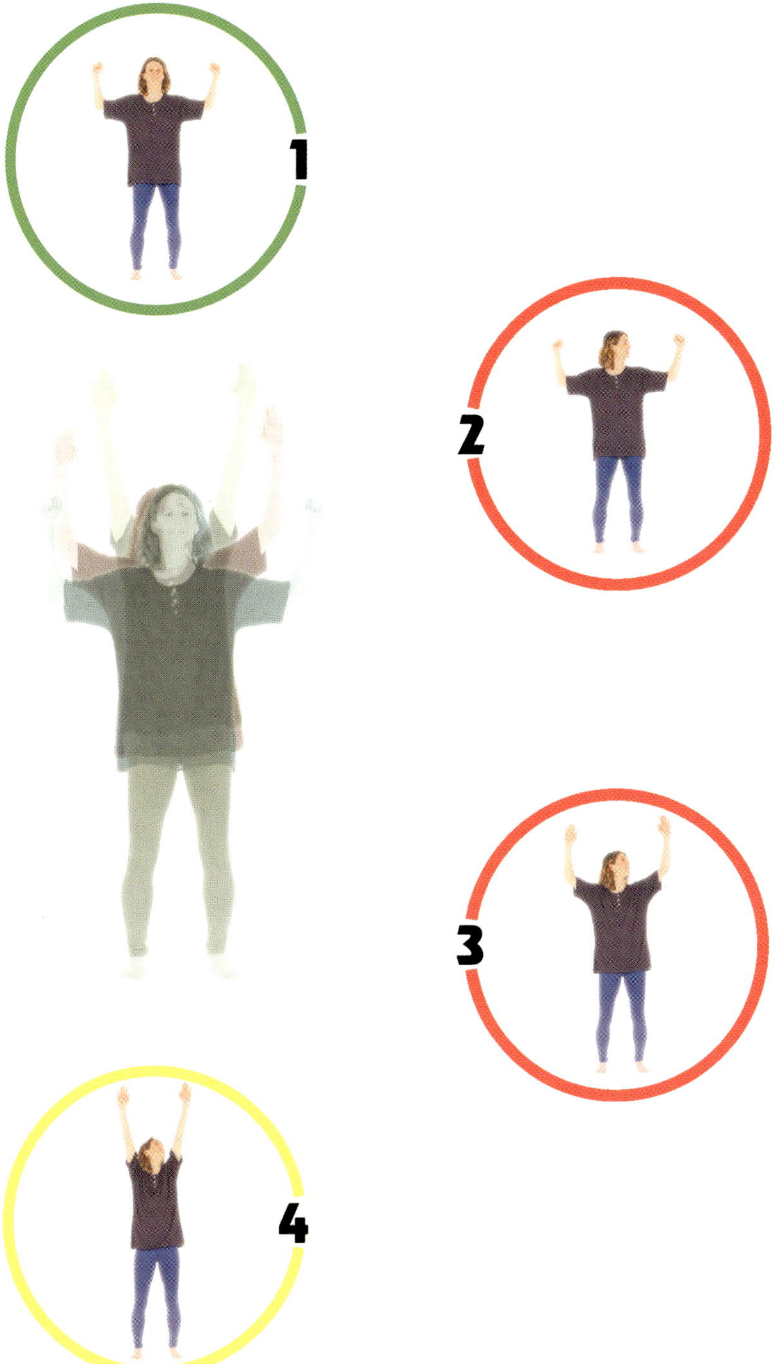
1
2
3
4

Der Sonne das Herz öffnen

Grundstellung:

• 1

Ausgangsstellung:
Wir legen die gestreckte Hände vor dem Körper in Bauchhöhe übereinander. Frauen die linke Hand über der Rechten. Männer rechte über linker Hand.
Unsere Aufmerksamkeit ist bei den Händen in unserer Mitte.

• 2 und 3
Die gekreuzten, locker gestreckten Arme werden sanft vor dem Körper hochgehoben. Der Brustkorb wird hervorgewölbt. Der Bauch eingezogen. Der Blick folgt den Handinnenflächen. Der Nacken wird überstreckt.
Die Aufmerksamkeit folgt dem Blick zu den Handflächen.

• 4
Über Kopfhöhe werden die Arme gelöst und zu beiden Seiten des Körpers abwärts geführt. Der Blick folgt dabei der linken Handinnenfläche.
Die Arme sinken bis zur Ausgangsstellung. Die Aufmerksamkeit sinkt in unsere Mitte.

Die Bewegung wird ab Position 1 nach rechts wiederholt.

Den gesamten Bewegungsablauf viermal wiederholen.

Der Bewegungsablauf in Verbindung mit der Atmung:
Beim Hochheben der Arme - einatmen.
Beim Senken - ausatmen.

Die Übung wirkt bei Engegefühl im Brustkorb. Schwäche der oberen Brustwirbelsäule, Verspannungen im Nacken, Schultergürtel und Bewegungseinschränkungen der Schultern.

1

2

3

4

Die Flügel öffnen

Grundstellung:

• 1
Ausgangsstellung:
Die Hände legen wir auf die Nieren. Die Fingerspitzen zeigen nach unten.
Die Schultern hängen und sind locker.
Die Knie sind leicht gebogen, locker und durchlässig.
Die Handgelenke sind locker.

• 2
Den Kopf wenden wir nach links auf die Schulter.
Beide Hände streichen entlang des Rippenbogens nach vorne. Der Blick wandert mit dem linken Ellenbogen mit. Wir stellen uns vor, daß die Unterarme unsere Flügel sind und durch die Vorwärtsbewegung geöffnet werden.

• 3
Die Hände werden mit den Handrücken in Brustmitte vor dem Körper zusammengeführt.

• 4 und 5
Die Finger werden nach oben gezogen - die Handflächen zeigen nach unten.
Es ist, als ob wir einen Ball von oben halten. Diesen Ball drücken wir bis zum Hara abwärts.

• 6
Wir führen die Hände wieder nach hinten zur Ausgangsposition.

Ab Position 1 seitenverkehrt wiederholen.
Der zweite Flügel wird geöffnet.

Den gesamten Bewegungsablauf viermal wiederholen.

Die richtige Atmung:
Hände auf die Nieren - ausatmen
Hände nach vorne ziehen - einatmen
Ball hinunterdrücken - ausatmen

Die Übung ist wirksam bei: Schultergelenks-Versteifung, Krankheiten der oberen Extremitäten.

1
2
3
4
5
6

Fliegen

Breite Grundstellung:

• 1

Ausgangsstellung:

Wir heben die Arme bis in Schulterhöhe.
Die Schultern hängen locker.
Die Ellbogen hängen ebenfalls locker nach unten. Die Handflächen zeigen nach unten.
Wir können uns vorstellen, daß die Hände auf zwei Potesten ruhen und es uns so keine Mühe macht, mit dieser Armhaltung längere Zeit zu stehen.

• 2

Wir beginnen nun langsam zu "fliegen".
Die Handflächen gehen seitwärts nach unten. Die Ellbogen bewegen sich nach oben.

• 3

Danach folgt die Gegenbewegung - Hände nach oben, Ellbogen nach unten.

• 4

Die "Flügel" bewegen sich in einer Bandbreite zwischen unterem Rippenbogen und Kopfhöhe.
Achten Sie darauf, Ihre Flügel ganz locker und entspannt zu bewegen.
Mit der Aufmerksamkeit sind wir in unseren Armen und den Schulterblättern.

Mit der Zeit werden Sie spüren, wie mächtig Ihre Schwingen sind. Wie sehr sie getragen werden.

Die Übung wird viermal wiederholt.

Die Verbindung mit der richtigen Atmung:

Heben der Arme - einatmen.
Senken der Arme - ausatmen.

Die Übung ist sehr wichtig für den Schulterbereich. Sie unterstützt vor allem den siebten Halswirbel und lockert den Nackenbereich.

1

2

3

4

Den eisernen Arm heben

Grundstellung:

• 1

Ausgangsstellung:

Wir legen die linke Hand auf unser Kreuzbein. Die rechte Hand etwas darunter. Die Handflächen zeigen nach außen. Unsere Aufmerksamkeit ist in unserer Mitte, aber diesmal im Kreuzbereich.

• 2 und 3

Der linke Arm wird langsam in einer bogenförmigen Bewegung neben dem Körper hochgehoben. Die Handfläche zeigt dabei zunächst nach unten und dann nach außen.
Führen Sie diese Bewegung mit Ihrer gesamten Aufmerksamkeit durch.
Der Blick folgt dem linken Daumen und damit auch unserer Aufmerksamkeit.
Das Heben des Armes erfolgt langsam - als ob der Arm aus schwerem Eisen wäre.
Je höher wir den Arm heben, desto schwerer wird er.

• 4

Im höchsten Punkt spüren wir die ganze Schwere des eisernen Armes.

Den Arm wieder bogenförmig nach unten führen und die Handfläche ins Kreuz legen.
Die Übung ab Position 1 nach rechts durchführen.

Den gesamten Bewegungsablauf viermal wiederholen.

Verbindung Übung richtige Atmung:
Beim Heben des Armes einatmen.
Beim Senken ausatmen.

Die Übung wirkt bei schmerzhafter Versteifung von Nacken, Schulter und Kreuz.
Sie wird zur Unterstützung von Magen, Zwölffingerdarm- und Dünndarmleiden und Gallenblasenerkrankungen verwendet.

1
2
3
4

Der Tucan putzt den Schnabel

Grundstellung:

• 1

Ausgangsstellung:

Wir beugen die Unterarme. Die Hände formen lockere Fäuste.
Wir neigen den Rücken. Der Rücken bleibt dabei gerade.
Aus unserer Nase wird nun ein wunderschöner, langer Schnabel. Um ihn so schön zu erhalten, müssen wir ihn putzen. Wir blicken auf den Schnabel und richten auch unsere Aufmerksamkeit auf ihn.

• 2 - 6

Dazu führen wir unsere Unterarme abwechselnd in die Mitte und streichen über diesen Schnabel.
Sie achten bitte darauf, daß der jeweilige Ellenbogen immer über die Körpermitte hinausgeführt wird (eigentlich durch den Schnabel hindurch). Wichtig ist auch, daß Sie den Rücken gerade halten.
Die Aufmerksamkeit ist bei unserem Schnabel und im Schulterbereich.

Wir wiederholen diese Übung mit jedem Arm viermal. Danach ist der Schnabel so wunderschön, daß wir beide Arme wieder zur Seite bringen und den Oberkörper wieder langsam heben.
Ist der Körper aufgerichtet, senken wir die Arme langsam hin zur Grundstellung.

Die Verbindung mit der richtigen Atmung:

Heben der Arme - einatmen.
Senken der Oberkörpers - ausatmen.
Streichen wir mit dem rechten Unterarm über den Schnabel - einatmen.
Mit dem linken - ausatmen.
Heben des Oberkörpers - einatmen.
Senken der Arme - ausatmen.

Die Übung ist besonders wirksam bei Verspannungen der Schulterblätter. Sie befreit die Schulterblätter.

1
2
3
4
5
6

Rudern auf dem ruhigen See

Grundstellung:

• 1
Ausgangsstellung:
Wir schließen die Hände zu lockeren Fäusten. Die Schultern bleiben locker, der Blick ist nach vorne gerichtet.
Wir drücken die Ellbogen sanft nach außen und ziehen die Fäuste neben dem Körper hoch bis über den Kopf.
Die Aufmerksamkeit ist während der ganzen Bewegung in den Armen und der Drehbewegung, die die Arme durchführen.

• 2
Am obersten Punkt angelangt, öffnen wir die Fäuste.
Die Handflächen zeigen nach unten.
Langsam senken wir die Arme bogenförmig vor uns herab. Mit den Handflächen drücken wir das Chi wie einen Luftpolster hinunter.

• 3
Die Arme werden bis zum Boden gesenkt.
Der Rücken bleibt gerade, solange er selbst beugen möchte.

• **4 und 5**
Am Boden angelangt, fassen wir wieder unsere Ruder - wir schließen die Hände wieder zu lockeren Fäusten und ziehen die Arme hoch.

Nach viermaliger Wiederholung wechseln wir die Richtung.

Wir ziehen die Arme neben dem Körper hoch und führen sie bogenförmig vor den Körper wieder hinunter.
Die Hände werden wie in der vorherigen Bewegung beim Hochziehen geschlossen und beim Senken geöffnet.

Achten Sie darauf, daß die Schultern locker hängen.

Verbindung mit dem richtigen Atmen:
Beim Hochziehen einatmen und den Brustkorb weit machen.
Beim Herabführen der Hände ausatmen und die Luft aus dem Brustkorb quetschen.

Die Übung unterstützt die komplette Wirbelsäule.

1
2
3
4
5

Windmühle

Grundstellung:

• 1
Ausgangsstellung:

• 2
Wir heben den rechten Arm bis über den Kopf.

• 3
Wir beginnen mit beiden Armen gleichzeitig und in entgegengesetzter Richtung zu kreisen. Der Oberkörper schwingt locker mit.

• 4
Unser Arme werden zu den Flügeln einer Windmühle. Die Bewegung erfolgt aus den Schultergelenken heraus, wo auch unsere gesamte Aufmerksamkeit ist.

Wir stellen uns vor, daß sich die Windmühle gemächlich dreht.
Der Wind wird stärker und die Flügel der Windmühle beginnen sich schneller zu drehen.
Wir erhöhen das Tempo unserer Drehbewegung.
Der Wind wird immer stärker, bis er zum Sturm wird. Die Flügel laufen sehr schnell.
Wir drehen unsere Arme so schnell wie möglich.
Langsam läßt der Sturm wieder nach. Die Windmühle kann sich langsam wieder beruhigen.
Wir lassen die Bewegung ruhig auslaufen und abklingen.

Die Bewegungsfolge viermal wiederholen.

Verbindung mit der richtigen Atmung:

Während des Kreisens der Arme nicht auf die Atmung vergessen. Ruhig weiteratmen.

Die Übung wird bei Verspannungen der Schultern und des Nackens angewandt.
Sie unterstützt die Wirbelsäule und bewirkt eine energetische Aktivierung.
Durch die Drehbewegung über die Mittellinie des Körpers werden beide Gehirnhälften aktiviert.

1
2
3
4

Der Kerzenhalter

Grundstellung:

• 1
Ausgangsstellung:
Wir heben die Arme bis in Hüfthöhe. Die Handflächen sind nach oben gewandt.
Sie bleiben es auch während der ganzen Übung. Wir können uns vorstellen, auf unseren Handflächen brennende Kerzen stehen zu haben, die nicht auf den Boden fallen dürfen.

• 2
Wir beginnen die Hände nach hinten zu drehen - sie drehen dabei unter den Armen durch.

• 3
Je weiter wir mit den Handflächen in unseren Rückenbereich gelangen, desto höher heben wir die Arme.

• 4
Wir drehen weiter und holen die Arme seitlich wieder vor den Körper. In Augenhöhe kommen die nach oben gerichteten Handflächen wieder zueinander. Wenn Sie in Ihre Handflächen schauen, haben Sie jetzt das Gefühl als würden sie eine Schale vor Ihrem Gesicht bilden.

• 5 und 6
Wir drehen die Arme weiter, neben den Ohren vorbei. Auch hier geht die Bewegung nach hinten.

• 7
Wir drehen weiter und führen die Kreisbewegung nach vorne fort. Wir senken die Arme in die Grundstellung und beginnen bei Position 1 die Übung zu wiederholen.

Zu Beginn wird diese Übung etwas Schwierigkeiten bereiten. Es kann schon passieren, daß Sie das Gefühl haben, einen Knopf in Ihre Arme zu bekommen.

Im Grunde ist diese Übung einfach, wenn Sie darauf achten, immer vollständige Kreisbewegungen durchzuführen.
Einen Kreis neben Ihrem Hüftbereich und einen Kreis neben Ihrem Kopf.
Beide Kreise in fortlaufender Bewegung ergeben eine Achterschleife.
Ihre Aufmerksamkeit richten Sie auf diese Achterschleife.

Verbindung mit der richtigen Atmung:

Kreisbewegung nach vorne - ausatmen. Kreisbewegung nach hinten - einatmen.

Diese Übung wirkt auf die Schulterpartie, die Handgelenke und die Brustwirbelsäule.
Sie aktiviert die rechte und linke Gehirnhälfte.

1
2
3
4
5
6
7

Mit den Händen den Himmel stützen

Grundstellung:

• 1
Ausgangsstellung:
Die Finger vor dem Körper verschränken. Die Handflächen werden nach unten gedreht. Mit der Aufmerksamkeit sind wir in unserer Mitte.

• 2 und 3
Die verschränkten Hände vor dem Körper bis über den Kopf führen.
Blick und Aufmerksamkeit wandern mit den Handflächen nach oben.
Der Oberkörper bleibt während der Übung ständig aufrecht.

• 4
Wir neigen den geraden Oberkörper nach links.
Die Arme bleiben gestreckt, die Handgelenke sind überstreckt und der Kopf bleibt zwischen den Armen. Die Aufmerksamkeit ist im Schulterbereich.
Achten Sie darauf, daß sich nur der Oberkörper bewegt. Die Hüftgelenke bleiben unbeweglich. Sie können sich vorstellen, daß Sie bis zur Hüfte eingemauert sind und nur der Oberkörper frei geblieben ist.
Wir richten uns wieder auf.
Neigen uns nochmals auf die rechte Seite und kommen dann wieder zur Mitte.

• 5
Die Hände werden gelöst, die Handinnenflächen zeigen zum Körper. Die Arme bogenförmig neben dem Körper hinunter führen.
Wir blicken dabei in die linke Handinnenfläche. Die Aufmerksamkeit sinkt wieder in unsere Mitte.

Die Arme bis zur Ausgangsstellung führen und die Übung ab Position 1 nach rechts durchführen.

Wir wiederholen die Übung im Wechsel viermal.

Die Verbindung mit dem richtigen Atmen:

Hochführen der Arme - einatmen.
Auf dem höchsten Punkt - ausatmen.
Neigen des Oberkörpers - einatmen.
Aufrichten - ausatmen.
Nach der Wiederholung in der Mitte verweilen und nochmals einatmen.
Lösen und Senken der Hände - ausatmen.

Die Übung ist wirksam bei Kreuzschmerzen, Wirbelsäulenverkrümmung. Sie wird zur Unterstützung bei Nierenstörungen, Lungenblähung und Asthma verwendet.

1
2
3
4
5

Ballast wegschieben

Grundstellung:

• 1
Ausgangsstellung:
Die Hände werden zu lockeren Fäusten geschlossen und in die Hüfte gelegt. Die Handrücken zeigen zu Boden.
Unsere Aufmerksamkeit ist in unserer Mitte.

• 2
Den Oberkörper langsam nach links drehen. Die Bewegung erfolgt aus dem Becken.
Die Aufmerksamkeit folgt der Drehbewegung

• 3
Wir drehen die linke Hand, sodaß der Handrücken nach oben zeigt. Die linke Faust wird langsam geöffnet und der Arm nach vorne geschoben.
Wir stellen uns vor, daß wir den ganzen Ballast, der uns behindert, von uns wegschieben.
Der Blick und die Aufmerksamkeit wandern mit.

Wenn Sie den Arm langsam vorschieben, soll die ganze Kraft in der Handfläche spürbar werden. Der Drehimpuls erfolgt von der Hüfte aus.

Jetzt drehen wir die Hand wieder, sodaß der Handrücken nach unten schaut. Schließen sie zu einer lockeren Faust und ziehen den Arm wieder zum Körper in die Ausgangsstellung.
Haben wir vorhin den Ballast weggeschoben, holen wir uns jetzt wieder bewußt frisches, lebendiges Chi heran.

Die Übung nach rechts ab Position 1 wiederholen.

Den gesamten Bewegungsablauf wiederholen wir viermal.

Die Verbindung zum richtigen Atmen:
Faust schließen, in die Hüften legen - einatmen.
Hand wegschieben - ausatmen.
Hand wieder heranziehen - einatmen.

Wirksam ist die Übung bei Schulter-Arm-Syndrom, Rücken- und Kreuzschmerzen, Sensibilitätsstörungen und Muskelathropie der Arme. Unterstützend wirkt sie bei Lungenblähung, Bronchitis und Asthma.

1
2
3

Die Wände des Fasses berühren

Grundstellung:

• 1

Ausgangsstellung:
Wir stützen die Hände in die Hüften.
Die Finger schauen dabei nach rückwärts.
Die Schultern hängen locker.
Die Aufmerksamkeit ist im Becken.

• 2, 3 und 4
Wir drehen das Becken im Uhrzeigersinn. Die Hände dienen zur Unterstützung, denn sie schieben die Beckenknochen.
Der Oberkörper bleibt aufrecht und unbeweglich, ebenso die Beine.
Achten Sie ganz bewußt auf jede Phase der Drehbewegung.
Wie groß sind die beschriebenen Kreise?
Wo ist der Kreis vielleicht nicht so rund ?
Wo fällt Ihnen die Bewegung leicht, wo ist sie nicht so einfach ?
Wird der Radius der Kreise größer, fällt es leichter die Kreise zu ziehen ?

Wir können uns vorstellen, uns in einem Faß zu befinden, daß uns gerade so viel Spielraum für Bewegung läßt, daß wir das Becken drehen können.

Wir drehen zweimal nach links und zweimal nach rechts.

Die Verbindung zur richtigen Atmung:
Drehen des Beckens nach vorne - einatmen.
Drehen nach hinten - ausatmen.

Wirksam ist die Übung bei Hüftbeschwerden, Lendenwirbelsäule, Lumbago, chronischem Wirbelsäulensyndrom, Verkrümmung der Halswirbelsäule und schmerzhaften Hüftgelenksveränderungen.

1
2
3
4

Schneiden des Chi

Breite Grundstellung:

• 1

Ausgangsstellung:

Die Hände werden zu lockeren Fäusten geschlossen und in die Hüften gelegt.
Die Handrücken zeigen zu Boden.
Unsere Aufmerksamkeit ist in unserer Mitte.

• 2

Wir drehen den rechten Fuß links, bis die Fußspitze schräg nach vorne zeigt.
Den linken Fuß drehen wir nach links. Die Fußspitze zeigt nach außen.
Die Aufmerksamkeit bleibt in der Mitte.
Mit der Drehung der Füße drehen wir auch den Oberkörper nach links.

• **3 und 4**

Wir schieben den linken Arm nach vorne.
Der Blick folgt der Faust, die sich langsam öffnet. Der Daumen zeigt zum Himmel.
Wir können uns vorstellen, daß der Arm die Bewegung einer Säge durchführt und die Luft schneidet.
Die Aufmerksamkeit liegt in der Handfläche - in der Schneidebewegung.
Achten Sie darauf, daß das vordere (linke) Bein gebeugt, das hintere (rechte) Bein gestreckt ist. Es ist wichtig, daß das hintere Bein mit dem Kreuz eine gerade Linie bildet.
Der anliegende rechte Arm drückt mit Kraft gegen die Hüfte.

Am äußersten Punkt der Schneidebewegung ballen wir die Hand wieder zu einer lockeren Faust. Der Handrücken zeigt nach unten. Wir ziehen den Arm wieder an den Körper.
Auch hier holen wir nach dem Schneiden des Chi wieder frisches, lebendiges Chi heran.
Die Aufmerksamkeit ist beim frischen Chi, das wir heranholen. Mit der Aufmerksamkeit ebnen wir dem Chi den Weg in unseren Körper. Wir nehmen neue Kraft auf und beobachten, wie sie sich in unserem Körper ausbreitet.
Danach wandert die Aufmerksamkeit wieder in unsere Mitte.
Die Übung ab Position 1 seitenverkehrt wiederholen.

Den gesamten Bewegungsablauf im Wechsel viermal wiederholen.

Verbindung mit der richtigen Atmung:
Drehung der Füße - einatmen.
Vorschieben des Armes - ausatmen.
Zurückholen des Armes - einatmen.

Wirksam ist die Übung bei Lenden-, Kreuz- und Rückenerkrankungen sowie Erkrankungen der Arme und Beine, Sensibilitätsstörungen.

1
2
3
4

Verbeugung vor dem Leben

Grundstellung:

• 1
Ausgangsstellung:
Die Hände vor dem Körper übereinander legen. Mit der Aufmerksamkeit sind wir in unserer Mitte.

• 2 und 3
Wir heben die gekreuzten Arme vor dem Körper hoch bis über den Kopf.
Der Blick und damit auch der Kopf folgen den Handflächen, die zum Körper zeigen.
Mit der Aufmerksamkeit wandern wir mit den Armen mit.

• 4
Wir lösen die Hände. Führen die Arme bogenförmig bis in Schulterhöhe hinunter. Die Handflächen zeigen nach vorne.

• 5 und 6 und 7
Wir drehen die Handflächen nach unten und beugen gleichzeitig den Oberkörper. Die Stellung erinnert an Kinder, die ein Flugzeug imitieren. Wichtig ist ein gerader Rücken.

• 8
Die Fingerspitzen berühren den Boden. Wir ziehen den Bauch ein, um dadurch die Lendenwirbelsäule zu kräftigen. Der Oberkörper bleibt gerade etwa in Hüfthöhe. Wir legen die Hände wieder übereinander. Der Kopf bleibt zwischen den gestreckten Armen.
Wir überstrecken den Kopf - d.h. Kopf in den Nacken. Wie das Wellental der Beginn der nächsten Welle ist, so beginnt mit dem Überstrecken die nächste Aufwärtsbewegung.
Wir richten den Oberkörper auf und heben die Arme über Kopf.

Wir öffnen wieder die Hände. Die Handflächen richten sich nach unten. Der Oberkörper übernimmt die Bewegung und beugt sich.

• 9 und 10
Diesmal werden die Hände bis zu den Unterschenkeln geführt.
Während des Aufrichtens streichen wir mit den Händen über die Beine hoch, bis wir bei unserer Mitte angekommen sind. Dort legen wir die Hände wieder übereinander.

Die Übung wird viermal wiederholt.
Verbindung mit der richtigen Atmung: Hochheben der Arme - einatmen.
Senken - ausatmen. Heben des Oberkörpers - einatmen.
Senken - ausatmen. Ausstreichen über die Beine - einatmen.

Wirksam ist die Übung bei Nacken-, Rücken- und Kreuzkrankheiten sowie bei allen Arten von Bewegungseinschränkungen der Wirbelsäule. Unterstützend wirkt sie bei Magen- und Darmerkrankungen.

1
2
3
4
5
6
7
8
9
10

Mit beiden Händen die Fußrücken fassen

Geschlossene Grundstellung :
Aufmerksamkeit ist in unserer Mitte.

• 1
Ausgangsstellung:
Wir neigen den Oberkörper leicht nach vorne, verschränken die Finger und drehen die Handflächen nach unten.
Die Aufmerksamkeit ist noch in unserer Mitte und verlagert sich in die Beine.
Wir strecken die Beine.
Sie können sich vorstellen, daß Sie mit dem Gesäß einen Ball wegstoßen.
Mit der Aufmerksamkeit verfolgen wir das Strecken der Beine und das Herauswölben des Po. Sie werden mit der Zeit diesen imaginären Ball spüren.

• 2 und 3
Dann beginnen wir langsam die Arme in der Mittellinie vor dem Körper hoch zu heben. Die Handflächen zeigen nach außen. Die Knie bleiben gestreckt.
Blick und Kopf wandern mit den Handflächen nach oben. Der Kopf bleibt zwischen den gestreckten Händen.
Die Aufmerksamkeit wandert mit dem Blick zu unseren Handflächen.
Ist der Oberkörper komplett aufgerichtet, beginnt wieder die Abwärtsbewegung.
Nehmen Sie bewußt den Wendepunkt war - jenen Punkt, an dem die Aufwärtsbewegung endet und die Abwärtsbewegung beginnt.

• 4
Wir beugen den Oberkörper mit gestreckten Armen wieder nach vorne.
Der Oberkörper bleibt gerade.

• 5
Sind wir mit dem Oberkörper in Hüfthöhe angelangt, lösen wir die Hände. Die Aufmerksamkeit ist in den Händen.
Wir führen sie weiter nach unten zu den Beinen und streichen über die Beine wieder hoch.
Mit dieser Bewegung richten wir auch den Oberkörper wieder auf und kommen in die Grundstellung.
Mit dem Hochstreichen holen wir uns wieder frisches Chi in unsere Mitte.

Die Bewegungsabfolge wird viermal wiederholt.

Verbindung zum richtigen Atmen:
Strecken der Beine (den Ball wegstoßen) - einatmen.
Beugen des Oberkörpers - ausatmen.
Aufrichten - einatmen.

Diese Übung ist wirksam bei Überlastungssyndrom der Hüften und Beine, Ödeme in den Beinen, Sensibilitätsstörungen, Bewegungseinschränkungen von Kreuz und Wirbelsäule.

1
2
3
4
5

Die Wolkenhände

Grundstellung:
Die Schultern sind locker und entspannt. Sie nehmen an der Übung teil, sind aber nicht das treibende Element.

• 1
Wir führen die rechten Hand zu unserer Mitte.
Die Handfläche sieht nach oben und formt eine lockere Schale.

• 2
Wir führen den Arm in unserer Mittellinie vor dem Körper hoch.
In Kopfhöhe drehen wir die Handfläche nach unten und das Handgelenk leicht auswärts.
Gleichzeitig führen wir die linke Hand zu unserer Mitte und formen mit der Handfläche eine Schale.

• 3
Den rechten Arm führen wir bogenförmig neben dem Körper hinunter.
Gleichzeitig wird der linke Arm hinaufgeführt.

Die Auf- und Abwärtsbewegung der beiden Arme erfolgt gleichzeitig.

• 4
Sind wir mit dem rechten Arm in Höhe unseres Haras angekommen, wird die Handfläche wieder nach oben gedreht. Gleichzeitig wird die linke Handfläche nach unten gedreht und die gegengleiche Bewegung durchgeführt.

• 5
Wir können uns vorstellen, mit der nach oben gehenden Hand leichte Schäfchenwolken zu heben. Bei der Abwärtsbewegung werden die Schäfchenwolken wieder hinunter gedrückt.

Die Bewegung wird achtmal durchgeführt. Dann wartet die Hand, die bereits in Hara-Höhe ist, auf die andere und wir gehen wieder in die Grundstellung zurück.

Achten Sie darauf, daß die Drehbewegung der beiden Hände immer parallel erfolgt. Weiters ist es wichtig, daß die Aufwärtsbewegung immer in der Mittellinie des Körpers durchgeführt wird.

Verbindung mit dem richtigen Atmen:
Mit dem Heben der rechten Hand einatmen.
Beim Senken ausatmen.

Die Übung ist wirksam bei Unruhe und Anspannung. Sie zentriert und verbindet rechte und linke Gehirnhälfte. Durch diese Verbindung werden die Gehirnhälften in Einklang gebracht - wir können den Streß loslassen.
Durch die Auf- und Abwärtsbewegung werden alle Chakren gereinigt und gestärkt.

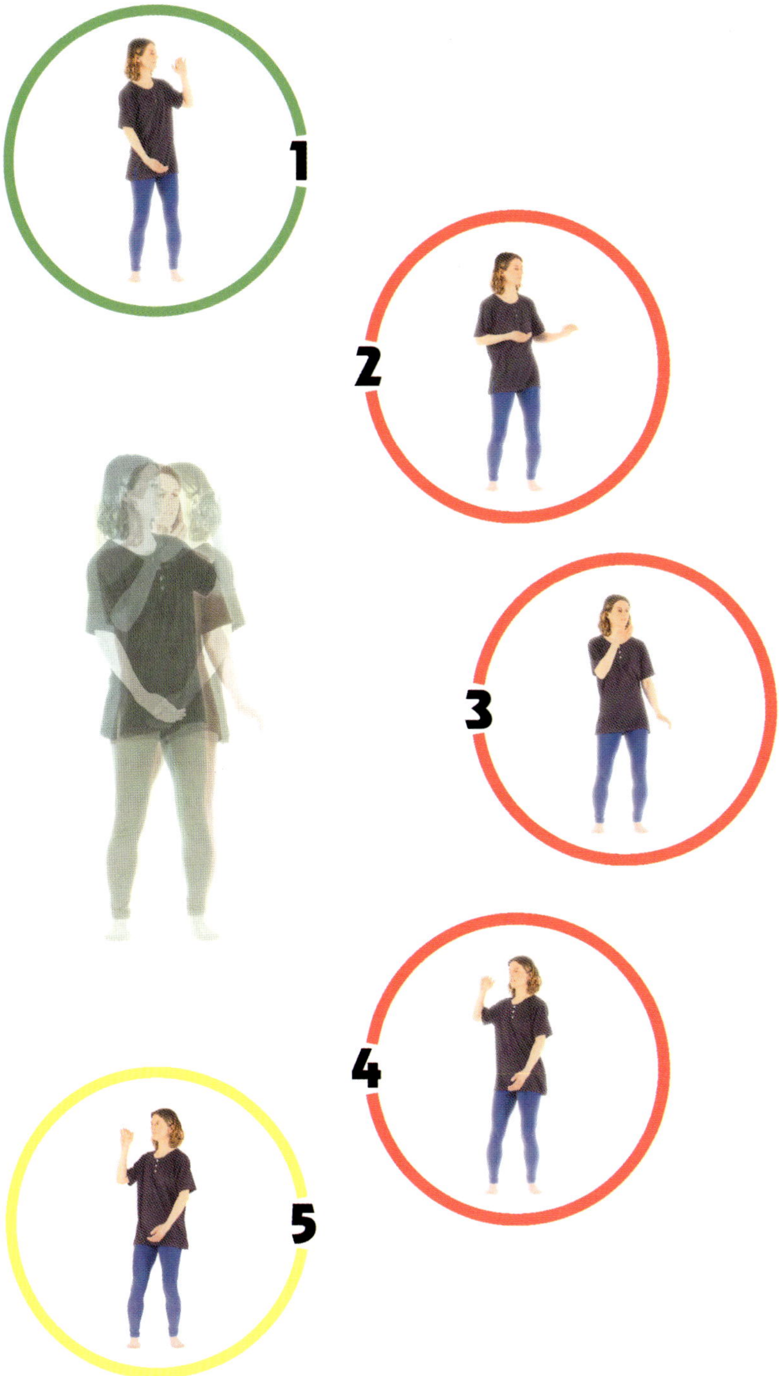
1
2
3
4
5

Den Bogen spannen

Grundstellung:

• 1

Ausgangsstellung:

Beide Arme vor dem Oberkörper überkreuzen. Der linke Arm liegt über dem rechten. Daumen und Zeigefinger der linken Hand werden V-förmig auseinander gespreizt.

• 2

Die rechte Hand wird leicht bis zur Schulter zurückgezogen. Wir können uns vorstellen, die Saite des Bogens zu spannen.
Die linke Hand wird zum Pfeil, den wir abschießen.
Die V-förmige-Haltung bleibt erhalten. Sie öffnet den Dickdarmmeridian.

• 3

Der Pfeil fliegt weiter, bis unser Arm gestreckt ist.

Wir holen unseren Arm wieder in die Ausgangsstellung und führen die Übung ab Position 1 seitenverkehrt durch.
Unsere Aufmerksamkeit ist während der Übung im Pfeil - also in der Hand, die nach vorne geschoben wird. Spüren Sie auch ihren Brustmuskel.

Verbindung mit der richtigen Atmung:
Kreuzen der Arme - einatmen.
Vorziehen der Hand - ausatmen.
Zurückziehen der Hand - einatmen.
Wechsel der Hände - ausatmen.

Diese Übung öffnet den Dickdarmmeridian. Sie stärkt die Brustmuskulatur.

1

2

3

Grundstellung:

• 1

Ausgangsstellung: Wir ziehen die Arme vor dem Körper hoch bis in Brusthöhe.
Die Ellenbogen sind locker gebeugt. Die Hände zu lockeren Fäusten geballt. Die Handrücken zeigen nach oben.
Die Schultern hängen locker nach unten.
Unser Blick und die Aufmerksamkeit sind auf die Hände gerichtet.

• 2

Wir beginnen die rechte Faust langsam zu öffnen. Der Handrücken wird leicht zur Mitte geneigt. Mit den Fingern führen wir eine Bewegung durch als ob wir einen Fächer öffnen würden.

• 3

Mit dem Auffächern der Finger drehen wir das Handgelenk nach rechts außen. Weiter drehen, bis die Finger nach unten zeigen.

• 4

Wir schließen den Fingerfächer wieder zur Faust, wobei der Handrücken nach unten zeigt.
Die geschlossene Faust drehen wir aus dem Handgelenk - der Handrücken zeigt wieder nach oben.

• 5 und 6

Jetzt geben wir Gas wie bei einem Motorrad und ziehen die Faust zunächst nach unten und dann nach oben.

Während der ganzen Übung bleibt der Schulterbereich entspannt und locker.
Die Bewegung wird mit voller Aufmerksamkeit nur aus dem Handgelenk geführt.
Die Faust wieder locker lassen und die Übung mit der anderen Hand wiederholen.

Die Bewegungsabfolge in beide Richtungen viermal wiederholen.

Verbindung mit der richtigen Atmung:

Hochheben der Arme - einatmen.
Auffächern der Finger - ausatmen.
Gas geben - einatmen.
Lockern - ausatmen.

Die Übung dient zur Aktivierung der Hand- und Fingergelenke.

1
2
3
4
5
6

Die himmlische Harfe spielen

Grundstellung:

• 1
Ausgangsstellung:
Wir heben beide Arme locker bis in Brusthöhe, wobei der rechte Arm etwas höher gehoben wird.
Die Handrücken zeigen nach außen.
Die Finger sind locker gebeugt.

• 2 und 3
Wir beginnen nun die himmlische Harfe zu spielen. Die Finger zupfen die Saiten.
Die Arme führen eine Abwärtsbewegung durch. Wir wollen auch die Saiten, die nah unseren Beinen sind, spielen.
Der Rücken bleibt dabei gerade.

Nachdem wir die untersten Saiten gespielt haben, wollen wir auch die obersten spielen.
Wir führen eine Aufwärtsbewegung durch. Dabei strecken wir den Körper ganz durch.

Während der ganzen Bewegung - sowohl auf- als auch abwärts - zupfen wir die Saiten der Harfe. Das heißt, wir bewegen die Finger ständig locker.

Die Verbindung mit der richtigen Atmung:

Bei der Abwärtsbewegung - ausatmen.
Bei der Aufwärtsbewegung - einatmen.

Die Übung lockert die Finger und die Wirbelsäule, speziell den Lendenbereich.

1

2

3

Die Drehung der Knie

Geschlossene Grundstellung:
Die Aufmerksamkeit ist in unserer Mitte.

• 1
Wir legen beide Hände auf die Knie.
Die Aufmerksamkeit wandert in die Knie- und Fußgelenke.

• 2, 3 und 4
Langsam beginnen wir mit einer Drehbewegung der Knie im Uhrzeigersinn.
Die Bewegung soll möglichst weit ausholend sein. Nach vorne hin die Knie beugen - nach hinten strecken.
Lassen Sie sich Zeit und beobachten Sie, wie die Kreise immer größer werden.

Das Kreisen wird viermal wiederholt und dann die Seite gewechselt.

Der gesamte Bewegungsablauf wird viermal wiederholt.

Verbindung mit dem richtigen Atmen:
Nach vorne drehen - einatmen.
Nach hinten strecken - ausatmen.

Wirksam ist die Übung bei Schwäche von Knie- und Fußgelenken.

1
2
3
4

Überbreite Grundstellung:

• 1
Ausgangsstellung: Wir stützen die Hände in die Hüften, wobei die Finger nach vorne zeigen.
Die Aufmerksamkeit ist in unserer Mitte.

Der Oberkörper ist aufrecht. Er bleibt auch während der gesamten Übung in aufrechter Haltung.

• 2
Wir verlagern das Gewicht auf das linke Bein und gehen leicht ins Knie.
Die Füße bleiben parallel zu einander stehen. Das linke Knie steht über der Fußspitze.
Wichtig ist, daß ungefähr 80 % des Körpergewichtes auf dem linken Bein ruhen.
Wir beobachten aufmerksam, was in unserer unteren Körperhälfte - also von den Zehen bis zu den Hüften - passiert.

• 3
Den Oberkörper nach rechts drehen (ungefähr 45 Grad). Die Drehbewegung nimmt im Becken ihren Ausgang - das Becken dreht den Oberkörper.
Wir drehen wieder in die Ausgangsstellung zurück und wiederholen die Übung nach links.
Nehmen Sie bewußt die Gewichtsverlagerung von einem auf das andere Bein wahr.

Sie können sich diese Übung sehr einfach verbildlichen :
Sie wurden vor eine Tatsache gestellt. Treten geistig einen Schritt zurück und schauen sich dieses Ding von einer anderen Seite an. Schon können Sie locker und entspannt damit umgehen.

Verbindung zum richtigen Atmen:
Gewicht verlagern - einatmen.
Oberkörper drehen - ausatmen.
Zurückdrehen - einatmen.
Wieder aufrichten - ausatmen.

Wirksam ist diese Übung bei Kreuz-, Gesäß-, Beinschmerzen sowie Hüft-, Knie-, und Fußgelenksversteifung.

1

2

3

Geschlossene Grundstellung:

• 1
Ausgangsstellung:
Die Aufmerksamkeit ist in unserer Mitte.
Oberkörper beugen und die Hände auf die Knie legen. Die Beine strecken.
Wir wandern mit unserer Aufmerksamkeit in die Kniegelenke.

• 2 und 3
Wir gehen in die Knie und legen die Handflächen auf den Vorderfuß. Zehen und Finger schauen in die gleiche Richtung. Die Aufmerksamkeit ist in den Kniegelenken.

• 4
Wir strecken die Knie durch. Wenn es möglich ist, sollten die Hände noch auf den Füßen bleiben.
Mit dem Strecken der Knie beginnt die Aufwärtsbewegung.
Wir streichen mit den Handflächen an der Innenseite der Beine hoch und heben den Oberkörper wieder an, bis wir die Ausgangsstellung erreicht haben.
Richten Sie Ihre Aufmerksamkeit auf die Handflächen. So können Sie ganz bewußt frisches Chi holen und in Ihren Kreislauf integrieren.

Die Übung viermal wiederholen.

Verbindung mit dem richtigen Atmen:
Oberkörper beugen - einatmen.
Knie beugen und auf die Fersen setzen - ausatmen.
Knie strecken - einatmen.
Aufrichten - ausatmen.

Wirksam ist die Übung bei Hüft-, Knie-, Fußgelenksversteifung und Schwäche in den Knien.

1
2
3
4

Auf den Knien aufstützen und den Himmel halten

Überbreite Grundstellung:

• 1
Ausgangsstellung:
Wir beugen den Oberkörper nach vorne. Der Rücken bleibt dabei gerade.
Unsere Aufmerksamkeit ist in unserer Mitte.
Die Arme werden überkreuzt - die linke Hand legen wir auf das rechte Knie, die rechte auf das linke Knie.
Knie beugen.
Unser Körpergewicht ist auf beiden Beinen gleichmäßig verteilt.

• 2
Wir heben den rechten Arm langsam hoch. Blick und Aufmerksamkeit folgen der Handfläche. Die Handfläche zeigt nach außen. Mit dem Hochheben des Armes richten wir auch den Oberkörper auf.
Die Knie bleiben gebeugt. Der Arm gestreckt. Das Gewicht ist zwischen den Beinen als hätten wir ein drittes Bein.

• 3
Die linke Hand ruht auf dem rechten Knie und die rechte Hand stützt den Himmel.
Spüren Sie bewußt, wie schwer der Himmel ist. Wie Sie die Last tragen - im Arm und in den Beinen und Kniegelenken. Und doch ist es eine tragbare Bürde. Wir merken, daß wir immer belastbarer werden.

• 4
Lenken Sie ihre Aufmerksamkeit wieder in die rechte Hand und holen Sie sie zurück zum linken Knie.

Wir strecken die Beine und wechseln die Hände.

Die Bewegungsabfolge wird viermal pro Arm wiederholt.

Die Verbindung mit der richtigen Atmung:

Hände auf die Knie legen - ausatmen.
Hand heben - einatmen.
Hand senken - ausatmen.

Diese Übung ist wirksam bei Krankheiten an den Hüft- und Kniegelenken; bei Schwäche und Schmerzen in den Beinen und Bewegungseinschränkung der Beine.

1
2
3
4

Gehen wie der Storch

Geschlossene Grundstellung:

• 1
Ausgangsstellung:

• 2
Rechtes Bein einen Schritt vor stellen. Wir verlagern das Körpergewicht komplett auf den rechten Fuß.
Das linke Bein bleibt gestreckt.

• 3
Gleichzeitig zum Schritt heben wir beide Arme bis über den Kopf. Die Handflächen zeigen nach unten. Die Brust wird herausgestreckt und ganz weit gemacht.

• 4
Sind wir am oberen Scheitelpunkt angekommen, senken wir die Arme wieder bis in Brusthöhe.

• 5, **6 und** 7
Mit dem Senken der Arme holen wir das linke Bein hervor.
Mit den Händen umfassen wir das Knie und ziehen es fest bis zum Brustkorb.

Wir lassen das Knie wieder los. Die Arme führen wir bogenförmig an der Seite herunter.
Der linke Fuß wird wieder beigestellt.
Damit beginnt der nächste Schritt.

Die Übung in beide Richtungen viermal wiederholen.

Die Verbindung zum richtigen Atmen:
Heben der Handflächen - einatmen.
Knie zur Brust ziehen - ausatmen.
Knie loslassen - einatmen.
Fuß beistellen - ausatmen.

Die Übung ist wirksam bei Schmerzen in Hüft- und Kniegelenken. Sie wird zur Unterstützung bei Bronchitis angewandt.

1
2
3
4
5
6
7

Mutig und flott vor dem Tore spazierengehen

Geschlossene Grundstellung:

• 1
Ausgangsstellung:
Die Hände in die Hüften stützen. Die Daumen zeigen nach rückwärts.
Die Aufmerksamkeit ist in unserer Mitte.
Die Schultern hängen locker, der Nacken ist entspannt.
Der Oberkörper bleibt senkrecht. Der Blick ist nach vorne gewandt.

• 2
Wir machen mit dem linken Fuß einen Schritt nach vorne und verlagern das Gewicht auf diesen Fuß. Die rechte Ferse hebt vom Boden ab.

• 3
Sobald das Gewicht völlig auf dem linken Fuß ruht, beginnt wieder die Gegenbewegung und wir verlagern das Gewicht auf den rechten Fuß.
Die Zehen des linken Fußes werden vom Boden abgehoben. Die Ferse bleibt auf dem Boden.

Ist das Gewicht völlig auf den rechten Fuß verlagert, schieben wir es wieder nach vorne auf den linken Fuß.
Durch die ständige Verlagerung des Gewichts entsteht eine Wiegebewegung ähnlich einem Tangoschritt.
Das Gewicht ist völlig auf dem linken Fuß und wir können den unbelasteten rechten Fuß nach vorne stellen.
Wir führen nun die Wiegebewegung mit dem anderen Bein durch.

Wir schieben das Gewicht auf den rechten Fuß und heben die linke Ferse vom Boden ...

Bei dieser Übung sind wir mit unserer Aufmerksamkeit ständig in unserer Mitte und nehmen die Gewichtsverlagerung bewußt war. Sie werden merken, daß sich trotz Gewichtsverlagerung der Schwerpunkt in einer Linie fortbewegt.

Verbindung mit der richtigen Atmung:

Hände in die Hüften stützen - ausatmen.
Gewicht auf den rechten Fuß - einatmen.
Und mit jeder Gewichtsverlagerung aus- bzw. einatmen.

Der Bewegungsablauf wird viermal wiederholt.

Wirksam ist die Übung bei Bewegungseinschränkungen der Gelenke, Erkrankungen und Schwäche der Beine.

1

2

3

Der Leuchtturm

Breite Grundstellung:

• 1
Ausgangsstellung:
Wir legen die Hände in die Hüften. Die Daumen schauen nach hinten.
Die Aufmerksamkeit ist in unserer Mitte.
Wir neigen den Oberkörper bis in Hüfthöhe.
Gerader Rücken ist besonders wichtig.
Wir heben den rechten Arm, wobei die Handfläche nach außen sieht. Mit dem Blick bleiben wir auf dem Handrücken.

• 2 und 3
Nun beginnen wir als Leuchtturm unser Licht über das Meer zu senden.
Wir drehen unseren geraden Oberkörper mit gestrecktem Arm nach rechts und so weit es geht nach hinten.
An diesem Punkt angekommen, wechseln wir die Arme.

Die rechte Hand wird auf die Hüfte gelegt. Die linke wird zum ausgesandten Licht.
Wir drehen uns zur linken Seite und weiter nach hinten, wo wieder der Handwechsel stattfindet.
Mit der Aufmerksamkeit sind wir in unseren Handflächen.

Die Bewegung wiederholen wir im Wechsel viermal.

Verbindung mit der richtigen Atmung:

Hände in die Hüfte - einatmen.
Rumpf beugen - ausatmen.
Drehung nach rechts - einatmen.
Drehung nach links - ausatmen.

Diese Übung ist wirksam bei Verspannungen im Lendenwirbelbereich. Sie wirkt auf den unteren Rücken und die Taille.

1

2

3

Himmel und Erde verbinden

Grundstellung:

• 1
Wir heben den linken Arm vor unserem Körper bis über den Kopf hoch. Der Blick folgt der Handfläche.
Drehen die Handfläche nach oben - gegen den Himmel.
Die linke Handfläche drehen wir nach unten - gegen die Erde.
Wir überstrecken beide Arme - rechts nach oben, links nach unten.
Mit der Aufmerksamkeit sind wir in beiden Handflächen, die Himmel und Erde verbinden.
Durch die Streckung spüren wir, wie unsere linke Körperseite sanft gedehnt wird.

• 2
Die Dehnung sanft ausklingen lassen und den linken Arm senken.
Wir heben den rechten Arm vor dem Körper bis über Kopfhöhe.
Führen Sie den Wechsel der Hände bewußt durch.

• 3
Die rechte Handfläche zeigt zum Himmel, die linke zur Erde.
Der Blick ist mit der rechten Hand nach oben gewandt; mit der Aufmerksamkeit in beide Handflächen und die Dehnung spüren.
Die Übung gegengleich wiederholen.

Den gesamten Bewegungsablauf viermal wiederholen.

Die Verbindung mit der richtigen Atmung:
Hochheben des Armes - einatmen.
Drehen der Handfläche - ausatmen.
Strecken des Armes - einatmen.
Senken des Armes - ausatmen.

Die Übung bewirkt eine sanfte Dehnung des Körpers, im Speziellen der Körpervorderseite.
Dadurch wird die Reinigung der Bronchien gefördert.

1
2
3

Aus der Erde schöpfen und zum Himmel öffnen

Breite Grundstellung:

• 1
Ausgangsstellung:
Beide Arme bis in Schulterhöhe heben. Die Handflächen zeigen nach unten.
Wir beugen den Oberkörper. Er bleibt gerade, bis wir den Punkt erreicht haben, an dem er sich selbst beugen will. Die Aufmerksamkeit ist in unserem Oberkörper - den Knickpunkt bewußt wahrnehmen.

• 2
Mit den Armen führen wir eine parallele Abwärtsbewegung durch.
Wir können uns den Reichtum und die Fülle der Erde vorstellen. Aus diesem Überfluß dürfen wir jetzt schöpfen.
Mit den Fingern bilden wir lockere Schalen und schöpfen bewußt aus dem Reichtum.
Während der Schöpfbewegung führen wir die Hände zueinander.

• **3 und 4**
Die Hände locker überkreuzen.
Es ist als ob wir den Reichtum bewußt in beide Arme nehmen.
Wir halten den Reichtum fest und rollen langsam unsere Wirbelsäule hoch.

• 5
Haben wir den Oberkörper aufgerichtet, heben wir die Arme und bereiten uns vor, den Reichtum an den Himmel weiterzugeben.

• 6
Mit dem Heben öffnen sich die Arme und führen eine bogenförmige Bewegung nach oben durch. Wir übergeben all den Überfluß der Erde bewußt an den Himmel. Sie können sich dazu vorstellen, wie groß der Reichtum der Erde ist - obwohl Sie ihn an den Himmel weitergegeben haben, wird für Sie noch so viel bereit stehen.

Über Kopf angelangt, beginnt die Abwärtsbewegung der Arme. Sie sinken wieder bis zur Ausgangsstellung und wir sind bereit, erneut die Fülle aufzunehmen.

Den gesamten Bewegungsablauf viermal wiederholen.

Verbindung mit der richtigen Atmung:

Grundstellung - einatmen. Senken des Oberkörpers - ausatmen.
Schöpfen der Fülle - einatmen. Weitergabe an der Himmel - ausatmen.

Die Übung wirkt sich besonders positiv auf den ganzen Körper aus - vor allem auf die Wirbelsäule. Sie wirkt sehr energetisierend.

1
2
3
4
5
6

Abschlußübung

Jede Qi Gong-Übungseinheit soll ganz bewußt abgeschlossen werden.

Wir heben die Hände vor dem Körper hoch. Die Schultern hängen locker.
Die Handflächen schauen nach oben.
Wir stellen uns vor, einen Chi-Ball vor dem Körper hochzuheben.
Dabei atmen wir entspannt ein.

Bis zur Stirn heben wir den Ball hoch. Hier stoppen wir kurz. Auch die Atmung wird kurz unterbrochen. Wir halten den Atem an.

Wir drehen die Handflächen Richtung Boden. Der hochgehobene Ball wird nun wieder gesenkt. Mit dem Senken wird wieder ausgeatmet.

Diese Bewegungsabfolge führen wir dreimal durch.

Danach legen wir die Hände auf unser Hara.
Mit kreisender Handbewegung verschließen wir diesen Punkt.
Dabei legen Männer die rechte Hand nach oben, Frauen die linke.

Dieses Verschließen erfolgt durch neun Kreise. Wir beginnen in kleinen Kreisbewegungen und lassen sie immer größer werden.

Einatmen, während unsere Hände oberhalb des Bauchnabels sind, ausatmen während sie sich unterhalb des Nabels befinden.

Anschließend wandern unsere Hände in unsere Magengrube. Die Hände werden gewechselt.
Auch hier führen wir wieder eine Kreisbewegung durch.
Diesmal allerdings in die andere Richtung. Es werden auch nur sechs Kreise gemacht.
Wieder klein beginnend und größer werdend.

Die Hände werden wieder gewechselt und zurück zum Hara geführt.

Jetzt reiben wir mit den Händen vor der Brust auf und ab. 24 mal.
36 mal entlang der Taille zu den Nieren und nochmals 24 mal vor der Brust auf und ab.

Abschließend lassen wir die Arme sinken.

Wir stellen das linke Bein bei und steigen mit dem rechten Fuß aus der Übungseinheit aus.

Damit ist die Übung beendet und abgeschlossen.

Um die Bewegungen und ihre Auswirkungen noch zu vertiefen, sollte man sich auch nach der Übungseinheit Zeit nehmen und nicht gleich wieder in die Hektik des Alltags entschwinden.

Legen Sie sich in entspannter Haltung auf eine angenehme Unterlage.
Spüren Sie, was an Bewegung der absolvierten Einheit noch im Körper ist.
Fühlen Sie, wie die Unterlage Ihren Körper trägt.
Sie brauchen die Last und das Gewicht nicht selbst zu tragen, sondern werden getragen.

Beginnen Sie bei den Füßen.
Spüren Sie ihre Füße innen und außen. Nehmen Sie die Fußgelenke bewußt wahr.
Achten Sie darauf, wo Ihre Füße auf der Unterlage aufliegen.

Ihre Füße werden von der Unterlage getragen.

Gehen Sie mit Ihrer Aufmerksamkeit weiter zu den Unterschenkeln.
Wie fühlen sie sich innen und außen an.
Spüren Sie den Schienbeinknochen. Lenken Sie Ihre Aufmerksamkeit auf die Beinhaut, die Ihren Knochen versorgt. Gehen Sie bis zum Kniegelenk.
Wo liegt ihr Unterschenkel auf?
Übergeben Sie das ganze Gewicht des Unterschenkels der Unterlage.

Wandern Sie weiter mit Ihrer Aufmerksamkeit zu den Oberschenkeln.
Auch hier betrachten wir wieder aufmerksam, wie sie sich innen und außen anfühlen.
Achten Sie bewußt auf Ihre Beinhaut, die die Oberschenkelknochen umgibt.
Wieder beachten wir, wo der Oberschenkel aufliegt, wo er getragen wird. Auch sein Gewicht übergeben wir der Unterlage.

Weiter geht es zum Hüftgelenk und den Bauchraum.
Sehen Sie sich bewußt in Ihrem Bauch um. Sehen Sie wie wohl sich die Organe jetzt fühlen.
Sehen Sie wie sie mit Blut und Chi versorgt werden und einfach funktionieren dürfen.
Auch der Bauchraum wird der Unterlage anvertraut.

Gehen Sie weiter in den Brustraum.
Sehen Sie wie Ihr Herz schlägt. Es schlägt ruhig. Sie sehen wie das Blut zum Herzen transportiert wird. Wie es wieder wegfließt - zu den Organen, um sie ausreichend zu versorgen.
Auch unser Brustraum wird von der Unterlage getragen.

Wir gehen zu den Schultern und den Schultergelenken. Sie sind locker und durchlässig.
Auch unsere Schultern brauchen ihr Gewicht nicht zu tragen, wir können es der Unterlage anvertrauen.

Unsere Aufmerksamkeit geht weiter zu den Oberarmen. Wir betrachten bewußt den Oberarmknochen. Die Beinhaut, die ihn umgibt und nährt.
Auch unsere Oberarme liegen auf der Unterlage auf. Sie werden voll Vertrauen getragen.

Weiter zu den Ellbogen und den Unterarmen. Auch hier gilt unsere Aufmerksamkeit wieder dem Innen und Außen, dem Knochen und der umgebenden Beinhaut.
Ein herrliches Gefühl, daß auch er von der Unterlage getragen wird.

Wir betrachten die Handgelenke, die Hände und Finger, die Fingergelenke.
Außen und Innen. Die Knochen und die umgebenden Beinhäute.
Sie werden genauso von der Unterlage getragen wie alle Körperteile, denen wir bis jetzt unsere Aufmerksamkeit gewidmet haben.

Wir wandern mit unserer Aufmerksamkeit über die Hände, Unter- und Oberarme wieder zum Schultergelenk. Dann weiter zum Hals- und Nackenbereich.
Wie fühlen sich jetzt Ihre Muskeln im Nackenbereich an ?
Über die Muskeln wandern Sie hinauf in den Kopf.

Nehmen Sie Ihren Kopf ganz bewußt war. Achten Sie auf die Haut und die Muskeln.
Gehen tiefer und sehen Sie den knöchernen Schädel.
Sehen Sie die Fugen, die zwischen den einzelnen Schädelteilen sind.
Lassen Sie auch sein Gewicht von der Unterlage tragen.

Sie haben sich nun ganz der Erde bzw. Ihrer Unterlage anvertraut.
Spüren Sie das unendliche Vertrauen und Gefühl von Sicherheit und Geborgenheit.
In diesem Gefühl von Vertrauen gehen Sie mit Ihrer Aufmerksamkeit in Ihr Hara.

Spüren Sie den Punkt am Bauch. In der selben Höhe finden Sie auf dem Rücken das Tor zum Leben. Verbinden Sie beide Punkte. Bauen Sie eine Energieachse.
Sie sind genau in dieser Achse zentriert und geerdet.

Lassen Sie nun Ihr Energiezentrum wachsen. Lassen Sie es so groß werden wie es selbst mag.

Sie werden merken, wie Sie das Gefühl von Sicherheit und Stärke durchflutet und sich langsam im ganzen Körper ausbreitet.
Lassen Sie es einfach geschehen.
Erwarten Sie nichts. Geben Sie sich hin.

Prägen Sie sich dieses Gefühl von Stärke, Zentriertheit und Größe ein. Es wird Sie von nun an begleiten.
Kommen Sie nun wieder langsam an Ihr Tagesbewußtsein zurück und bewegen Sie Finger und Zehen.
Dehnen und strecken Sie sich.
Öffnen Sie langsam Ihre Augen.
Sie werden nun angenehm entspannt, aber wach sein.

Es kann passieren, daß Sie nichts spüren. Vor allem wenn Sie noch nicht mit der Methode des Meditierens vertraut sind. Geben Sie den Mut nicht auf und haben Sie mit sich selbst Geduld.

Wenn es Ihnen leichter fällt, lassen Sie im Hintergrund sanfte Musik laufen. Sie können sich den Meditationstext auch auf eine Kassette sprechen und dann vorspielen. Wenn Sie sich selbst dann ansagen, wo Ihre Aufmerksamkeit hinwandern soll, wird es Ihnen leichter fallen sich zu konzentrieren.

Wenn Sie untertags das Gefühl haben, die Bodenhaftung zu verlieren, erinnern Sie sich an das Gefühl, das Sie während der Meditation gefunden haben -
Sie werden von der Erde getragen, sind zentriert und ruhen voller Stärke in sich.

Die Ruhe in der Ruhe ist nicht die wirkliche Ruhe.
Nur wenn es Ruhe in der Bewegung gibt,
kann der geistige Rhythmus erscheinen,
der Himmel und Erde durchdringt.

Ts`ai-ken t `an

仙
人
掌

Shien-dschen-chang

Zum Abschluß bedanke ich mich bei all den guten Geistern, die es möglich gemacht haben, dieses Buch fertigzustellen.

Bei Stefan Weindl, der mir sein Lächeln zur Verfügung gestellt hat.
Bei Birgit Steindl, einer Polaritymeisterin, die mir als liebe Freundin und Model zur Seite stand.
Bei Fritz Gotschim, dem Fotografen.
Bei Stefan Horvath, der die Bilder kreativ überarbeitete.
Bei Harald Pichler, dem Grafiker.

Bei all meinen Schutzgeistern, die mich intuitiv führten und das Richtige tun ließen.

Nicht zuletzt bei meiner Familie Christian und Marie-Therese, die Geduld für nächtelange Arbeit aufgebracht haben.

Eigene Notizen:

Eigene Notizen: -

IMPRESSUM

Herausgeber, Medieninhaber und Verleger:	NORKA Buch- und Zeitungsverlag GesmbH. Wiener Straße 106, A-3403 Klosterneuburg Tel.: ++43/2243/28 5 18, Fax: ++43/2243/25082
Graphik & Layout:	Harald Pichler
Repro:	repro49 • Merschitz & Partner KEG, A-1050 Wien
Druck:	Druckerei Klampfer, A-8160 Weiz

ISBN 3-85050-053-5